기독신문 특별기획
사진에세이

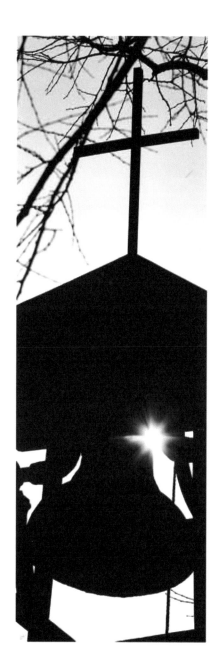

그래도,
교회가 대안입니다

이건영 지음

엘맨출판사

기독신문 특별기획, 사진 에세이

그래도, 교회가 대안입니다

초판 1쇄   2018년 8월 5일
초판 2쇄   2018년 8월 31일

지은이   이 건 영
펴낸이   채 주 희

펴낸곳   엘맨출판사
주소   서울시 마포구 신수동 448-6
전화   02-323-4060, 팩스 02-323-6416
등록번호   제10-1562호(1985. 10. 29)
e-mail   elman1985@hanmail.net
홈페이지   www.elman.kr

ISBN 978-89-5515-631-7   (03230)

* 책값은 뒤표지에 있습니다.

기독신문 특별기획, 사진 에세이

그래도, 교회가 대안입니다

먼저 종교개혁 500주년을 허락하신 하나님께 모든 영광과 감사를 올려 드립니다. 종교개혁은 제2의 오순절 역사와 같은 의미 있는 사건이자, 은혜의 순간입니다. 하나님께서는 종교개혁을 통해 무너져 가는 기독교를 다시 세우셨고, 지금까지 종교개혁의 유산을 통해 우리를 세워나가고 계십니다.

그러나 지금 우리 눈 앞에 펼쳐진 교회의 보습은 '개혁 교회는 계속 개혁되어야 한다'는 종교개혁의 정신을 다 잃어버린 듯합니다. 교회와 목회자를 향한 비난과 화살은 끊이지 않고 더해 가고 있습니다. 이러한 현실 가운데 우리는 때로는 무감각함으로, 때로는 자책함으로 개혁의 정신을 더욱 놓아버리고 있지는 않은지, 참 걱정이 되기도 합니다.

그러나 위기 속에 기회를 주시는 하나님의 섭리를 바라볼 때, 이것은 위기가 아니라 기회요, 절망으로 가는 길이 아니라 희망으로 솟아오르는 길임을 믿습니다.

기독신문의 사랑과 배려로, 지난 20주간 '종교개혁 500주년 논설, 사진 에세이'를 '교회' 라는 주제로 기재하였습니다. 특히 개혁주의를 주도하고 이끌었던 존 칼빈의 관점에서 '교회'를 돌아보고 대안을 제시해 보았습니다.

　　미력한 글과 사진이지만, 이를 통하여 다시 한번 우리 마음속에 종교개혁의 불씨를 지피는 기회가 되었으면 좋겠습니다. 나아가, 우리 한국 교회가 더이상 세상의 근심거리가 아닌, 세상의 대안으로써 그 역할을 거뜬히 감당해내는 능력이 회복되기를 진심으로 소망합니다.

　　끝으로 늘 사랑과 섬김으로 부족한 종과 행복한 동행을 하고 계시는 인천제2교회 모든 성도님들께 진심으로 감사드리며 이 글을 보고 계시는 모든 분들을 마음 다해 사랑하고 축복합니다.

2018년 7월

이건영 목사(인천제2교회 담임목사)

차례

기 독 신 문 특 별 기 획 사 진 에 세 이

Chapter 1

그래도, 교회가 대안입니다

"답답하다."

"소리치고 싶다."

2017년을 살아가는 대한민국 국민이라면, 누구나 느끼는 감정이 아닐까 싶습니다. 사람마다 무엇 때문에, 또 얼마나 그 답답함을 느끼는지는 모르지만, 우리는 분명 답답합니다. 그래서 답답한 우리는 해답을 찾습니다. 그리고 그런 우리의 아우성에 발맞추어, 많은 곳에서 "내가 해답이오!" 외치며 구애합니다.

이러한 현상을 보며, 마치 우리 몸에 체기가 있어 답답할 때 나타나는 반응과 비슷하다는 생각을 해봅니다. 우리는 체기를 해결하기 위해 이런 저런 방법을 찾습니다. 어떤 사람은 검증된 약을 먹고, 어떤 사람은 급한 대로 손을 따고, 어떤 사람은 탄산을 먹고, 어떤 사람은 소문난 약을 먹고, 어떤 사람은 아예 새로운 방법을 모색합니다. 그리고 심지어는 시간이 약이다 하면서 그냥 버텨보기도 합니다.

답답하여 절규하고 싶은 사람들

그렇다면, 우리 그리스도인은 작금의 현실을 보며 느끼는 이 답답함을, 어떠한 방법으로 풀어나가야 할까요.

아이러니하게도, 가장 혼란스러운 이 때에, 기독교는 '종교개혁 500주년'을 보내고 있습니다. 그러나 우리는 이 귀한 기념일을 축하객으로 맞이하는 것이 아니라, 추모객으로 맞이하고 있습니다. 그럼에도 불구하고, 공중의 나는 새 한 마리도 살아계신 하나님의 허락 없이는 떨어지지 않음을 믿습니다. 그렇다면 우리는 이 현실에 대해 한탄과 분노만 하고 있는 것만이 아니라, 하나님께서 우리에게 요구하시는 '무언가'를 해야 하지 않을까요?

어쩌면 하나님께서는 지금 이 어려움의 해답을, 종교개혁의 정신에서 찾으라고 말씀하시는지도 모릅니다. 종교개혁을 어떻게 바라보느냐에 따라 해석은 달리 하겠지만, 개인적으로 종교개혁의 중심에는 "교회"가 있다고 생각합니다. 종교개혁은 '교회의 타락'으로부터 시작되었고, '교회의 회복'으로 완성되었기 때문입니다. 그리고 우리는 지금 더 이상 타락할 수 없을 것 같은 '교회의 현실'을 바라보고 있습니다.

큰 바위 위에 어두운 그림자가 점점 드리우는 것처럼 위태한 한국 교회

많은 사람들이 교회를 향해 손가락질하며, 교회가 존재하는 이유에 대해서 묻고 있습니다. 솔직히 할 말이 없고, 목사로서 책임을 통감합니다. 그러나 타락했다고 다 버릴 수는 없습니다. 우리의 몸 어딘가가 마음에 들지 않고 성하지 않다고 해서 포기해 버리면 어떻게 몸으로서 구실을 할 수 있겠습니까. 아파도 끝까지 붙들고 가야 합니다. 어떠한 아픔이 있더라도 고치고 수술하고 꿰매서라도 함께 가야 합니다. 그래야 그것이 진정한 회복이 되지 않겠습니까.

교회는 예수 그리스도의 '몸'입니다. 교회가 무너지면 기독교가 무너지는 것이 아니라, 이 시대가 무너지는 것입니다. 마찬가지로 이 시대의 회복은 교회가 바로 설 때, 가능할 것입니다. 위기는 또 하나의 기회라고 했습니다. 분명 하나님께서는 이 나라를 내버려 두지 않으실 것입니다. 분명 회복시키실 것입니다.

잠시 미래로 여행해본다면, 분명 해답을 원하는 사람들에게 무언가는 해답이 되어 위대한 역사의 주인공으로 남게 될 것입니다. 저는 교회가 그 자리를 뺏기지 않았으면 좋겠습니다. 오히려 도무지 대안이 보이지 않는 이 시대에 교회가 대안이 되어, 먼 미래에 이 시대를 돌아볼 때, "역시 교회가 해답이었어!" 고백할 수 있게 되기를 원합니다.

그래도 교회가 해답이 되어야 합니다.

하나님의 교회는 절대 무너지지 않을 것이라 믿습니다. 그리고 그 교회는 대안을 요구하는 이 시대에 해답이 되어줄 것이라 확신합니다. 세상이 외면한 교회를 우리 또한 외면하는 것이 아니라, 다시 한번 종교개혁의 정신으로 교회의 본질을 회복하는 기회가 되기를 원합니다. 우리의 답답함을 가장 완벽하게 해결해줄 수 있는 유일한 해답은, 바로 예수 그리스도, 그리고 그분의 몸인 교회이기 때문입니다.

"그래도, 교회가 대안입니다!", "그래도 교회가 어머님 품과 같습니다!" 고백할 수 있게 되기를 원합니다.

연약한 아기의 모든 것을 품을 수 있는 어머니 품과 같은
교회를 소망합니다.

Chapter 2

교회는 대체불가입니다

인터넷을 보다보면, 종종 이런 글귀들을 볼 수 있습니다. 'ㅇㅇ동 신축빌라 대체불가!' 'ㅇㅇㅇ 연기력 대체불가.' 다들 무슨 뜻인지 잘 아실 것이라 생각합니다. 도저히 다른 어떠한 것들로도 대신할 수 없을 만큼 경쟁력이 있을 때, '대체불가'라는 말을 사용합니다. 중요하고 뛰어남을 넘어, 유일하다는 표현인 것입니다. 즉 어느 사진작가가 그때, 그 장소에서 찍은 그 사진은 대체불가하듯이 말입니다.

물론 이 시대에는 '대체 가능'한 것들로 가득 차 있습니다. 차가 없으면 대중교통을 이용하면 되고, 컴퓨터가 없으면 까짓것 손으로 쓰면 되고, 심지어 이가 없으면 잇몸으로 먹으면 됩니다. 호불호와 효율성은 다를 수 있지만, 분명한 것은 대체가 가능하다는 것입니다.

그렇다면 우리 인생에 '대체불가'한 것은 무엇일까요? 저는 가장 먼저 '어머니'가 떠오릅니다. 배가 고파 울고 있는 갓난아기에게 가장 필요한 사람은 어머니입니다. 아기를 가장 따뜻하게 보살펴주고, 가장 좋은 젖을 먹여줄 수 있는 사람은 어머니밖에 없습니다. 대체가 불가능합니다. 아무리 연약한 어머니라 할지라도 상관없습니다. '대체불가'입니다.

그때 그 장소에서 찍은 사진은 대체 불가입니다.

교회는 '예수 그리스도의 몸이자 신부' 입니다. 그렇다면 예수 그리스도를, 즉 하나님을 아버지로 모시고 살아가는 우리 성도들에게 교회는 무엇이 될까요? 바로 '어머니' 되십니다. 종교개혁자 칼빈은, 『기독교 강요』에서 그의 교회론을 정리하면서, 교회의 정체성을 '어머니' 라고 정의합니다. 갓난아기에게 어머니가 '대체불가' 이듯이, 교회는 예수 그리스도를 믿는 성도들에게 '대체불가' 인 것입니다.

그러나 많은 사람들은 착각합니다. 교회는 대체 가능하다고. 교회에서 드리는 예배는 어디서나 인터넷을 통해 드릴 수 있고, 교회에서 하는 사회봉사는 수많은 단체를 통해서 더 효과적으로 할 수 있고, 교회의 양육은 널리고 널린 좋은 교육 프로그램으로 대체할 수 있다고 말합니다. 사실입니다. 인정합니다. 분명히 대체할 수 있습니다.

그러나, 이렇게 한번 설명해볼까요? 어머니가 없어도 분유를 구입하여 먹일 수 있고, 어머니가 없어도 더 잘 놀아주는 삼촌 혹은 이모들이 있고, 어머니가 없어도 어린이집에 맡길 수 있습니다. 그러나 그것이 어머니를 대체할 수 있다고 생각하십니까? 그렇지 않습니다. 어머니는 어머니입니다. 어떠한 '기능' 들은 대체할 수 있지만, 그 '본질' 은 대체할 수 없다는 것입니다.

칼빈은 교회의 정체성을 '어머니'라고 정의합니다.

교회도 마찬가지입니다. 교회는 교회입니다. 교회의 기능들을 대체할 수 있습니다. 그리고 훨씬 더 잘 해낼 수 있습니다. 그러나 교회의 본질은 대체할 수 없습니다. 교회만이, 그리고 교회를 통해서만 할 수 있는 것들이 분명히 있습니다. 갓난아기가 어머니를 통해서만 양육 받고 성장할 수 있듯이, 성도는 교회를 통해서만 양육 받고 성장할 수 있습니다.

하나님은 교회를 통해 우리에게 믿음을 허락하시고, 그 믿음을 키워 가십니다. 하나님은 교회를 통해 우리의 연약함을 보살피시고, 그 연약함을 사용하셔서 하나님의 뜻을 이루어 가십니다. 하나님은 교회의 다양한 기능을 통해 복음을 확장시키시며 하나님 나라를 이루어 가십니다. 하나님은 분명히 교회를 사용하시고, 교회를 통해 일하십니다.

아무리 교회가 타락하고, 아무리 교회가 힘을 잃어도, 구원의 역사는 교회를 통해 이루어지고 있음을 우리는 목도하고 있습니다. 하나님은 우리를 세상에 그냥 던져 놓고, '알아서 잘 해라!' 하시는 분이 아닙니다. 하나님은 우리를 교회로 부르시고, 교회를 통하여 우리를 기르시고, 교회와 함께 세상으로 나아가게 하십니다.

성도는 교회를 통하여만 양육 받고 성장할 수 있습니다.

'나 혼자서도 예수 잘 믿을 수 있어.' '교회 다니는 게 오히려 더 방해돼.' '다녀 봤는데 세상과 다를 게 없어.' 이렇게 생각하는 성도들이 날이 갈수록 많아지고 있습니다. 저는 이것이 이 시대에 가장 큰 사탄의 공격이라고 생각합니다. 하나님께서 가장 사랑하시는 교회, 예수님께서 피 값으로 사신 교회, 성령님께서 지금도 일하고 계시는 교회, 그 교회는 어느 것으로도 대체할 수 없는 유일한 우리의 어머니이신 줄 믿습니다.

다시 한 번 말씀 드립니다. 그리고 호소합니다. 교회는 '대체불가' 입니다.

Chapter 3

교회는 팔방미인이 되어야 합니다

눈 덮인 광경을 사람들이 보편적으로 좋아하는 것처럼, 교회는 어디에나 필요하고 잘 어울리는 보편성을 지녀야 합니다.

소금의 유래를 살펴보면 흥미롭습니다. 소금은 단순한 양념 재료가 아니었습니다. 소금은 중요한 매매 수단이었습니다. 노동의 삯으로 소금을 지급하고 소금으로 필요한 물건도 살 수 있었습니다. 월급을 의미하는 영어 Salary의 어원이 소금Salt에서 유래되었다는 것만 봐도 충분히 소금의 가치를 짐작해 볼 수 있습니다.

아무리 과거에 비해 소금의 기능이 많이 축소되었다 하지만, 지금도 역시 소금은 다양한 역할을 하고 있습니다. 음식의 간을 맞출 때에 가장 절대적인 것이 소금입니다. 소금이 조금만 덜 들어가거나 더 들어가도, 그 먹고 싶던 음식에 손이 안 가게 됩니다. 이뿐입니까? 소금은 우리의 몸에 반드시 필요하기도 하고, 지나치면 위험하기도 합니다. 또한 소금은 음식의 부패를 막아주기도 하고, 눈길을 녹여주기도 합니다. 그래서 소금을 일컬어, '팔방미인'이라고 하는 것 같습니다. 어디에나 필요하고, 어디에나 어울릴 수 있기 때문이죠.

교회의 대표적인 특징 중에 하나는 '교회는 보편적이어야 한다'는 것입니다. 우리가 사도신경에서 고백하는 '거룩한 공회'가 바로 '보편적 교회'를 의미하는 말입니다. 만약 제가 이 시대의 언어로 사도신경을 사역私譯한다면, "우리는 팔방미인인 교회를 믿습니다"라고 할 것입니다.

교회는 어디에나 필요하고 잘 어울리는 보편성을 지녀야 합니다.

하지만 그것은 모두를 안고 가야 하는 자들에게 따르는 십자가입니다.

교회는 누구에게나 필요하고 누구에게나 어울릴 수 있어야 합니다. 교회는 예수님을 믿는 그리스도인에게 절대적인 곳이지만, 그들만을 위한 곳이 되어서는 안 됩니다. 믿지 않는 자들, 교회를 싫어하는 자들, 심지어 교회를 부정하는 자들을 위한 교회이기도 합니다. 교회는 가난한 자들과 연약한 자들을 위한 교회가 되어야 마땅합니다. 그러나 반대로, 기득권들과 부자들을 무조건 배척하는 교회가 되어서도 안 됩니다. 교회는 양극단으로 빠져서도 안 되지만, 그렇다고 양극단을 배제해서도 안 되는 것입니다.

그래서 교회는 욕을 먹을 수밖에 없는 처지인 것 같습니다. '보수에게는 진보적이라며 욕먹고, 진보에게는 보수적이라며 욕먹고, 부자들에겐 가난한 자들만 위한다며 욕먹고, 가난한 자들에게는 부자들만 챙긴다며 욕먹고…' 정작 소금은 자기역할을 할 뿐인데, '짜다, 싱겁다' 불평하는 것처럼 말이죠.

그러나 그것은 '모두를 안고 가야 하는 자가 가지는 십자가' 임을 믿습니다. 하나님은 어느 한 부류만을 사랑하시지 않습니다. 모든 자를 사랑하시며, 모든 자가 구원 받기를 원하시는 분이십니다. 그분을 주인으로 모시는 교회가 어찌 모든 자를 향하여 어울리지 않을 수 있겠습니까?

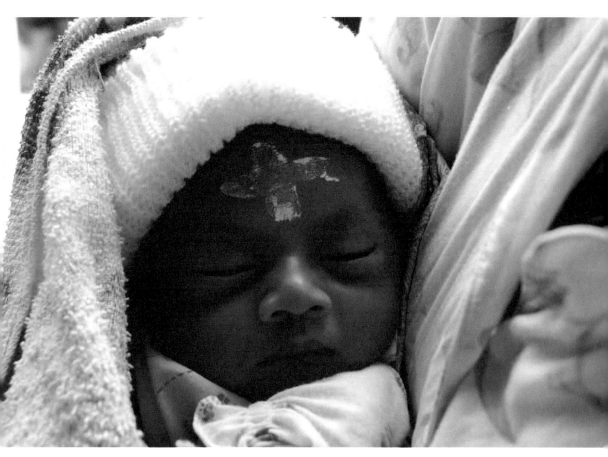

때로는 양 극단으로부터 욕을 먹을 때도 있습니다.

이 시대는 한 아이스크림 가게의 슬로건처럼, '골라 먹는 시대' 입니다. 사람도, 음식도, 정당도, 심지어 신앙도 골라 먹는 것이 더 유익한 것처럼 여겨지는 시대입니다. 그러나 교회는 예수 그리스도의 몸입니다. 여러 갈래로 찢어질 수 없는 하나여야만 하는 교회입니다. 서로 다른 무리가 한 믿음, 한 소망, 한 사랑, 한 성령 안에서 하나로 모일 수 있는 곳이 바로 교회입니다.

전문성도 필요합니다. 그래서 각 교회는 자신들이 할 수 있는 달란트를 가지고 집중된 사역도 해야 합니다. 외국인들을 위한 교회도, 주일학교를 위한 교회도, 어르신들을 위한 교회도, 장애인들을 위한 교회도 필요합니다. 그러나 분명한 것은, 그들만을 위한 교회가 되어서는 안 된다는 사실입니다. 집중도 하되, 모두가 어울릴 수 있는 그런 교회가 하나님께서 원하시는 교회인 것입니다. 그런 의미에서 예수님께서 우리에게 '세상의 소금' 이 되라고 말씀하신 것이 아닌가 하는 생각도 해 봅니다. 언제 어디에서나 어울리는 소금처럼, 우리 교회 또한 '우리만의 잔칫집' 이 아니라, 세상 어디에나 어울릴 수 있는 '팔방미인' 이 되라는 예수님의 요청인 줄 믿습니다.

교회는 모든 악재를 품고서라도 전진해야 합니다.

소망하기는 한국 교회가 죄로부터 진리를 굳게 지켜 나가되, 소금을 아무데나 막 뿌려대는 편협한 태도는 내려놓을 수 있기를 원합니다. 남녀노소, 빈부귀천, 사회적 인식과는 상관없이, 모두와 함께 어울릴 수 있는, 그러한 모습으로 진리의 맛을 내는 교회가 되기를 진심으로 소망합니다. 그렇게 교회와 목회자들과 성도들이 '세상의 팔방미인'이 될 때, 한국 교회는 이 시대의 소망이 될 줄 믿습니다.

이 한 가지를 기억합시다. "하나님은 우리 모두를 사랑하십니다."

Chapter 4

잘됨보다는, 하나됨입니다

어느 광고를 인상 깊게 본 적이 있습니다. 한 피아니스트가 두 대의 피아노를 연주합니다. 한 피아노는 우리가 잘 알고 있는, 각 건반마다 다른 음이 연주되는 일반적인 피아노입니다. 그리고 또 다른 피아노는 특이하게도 모든 건반이 같은 음을 내는 피아노입니다. 피아니스트는 한 곡을 두 대의 피아노로 번갈아가며 연주합니다. 어떤 결과가 펼쳐졌을까요?

예상한대로, 일반적인 피아노를 연주할 때는 연주곡 그대로 아름다운 소리를 내었습니다. 그러나 반대쪽 피아노를 연주할 때는, 계속해서 똑같은 음으로만 소리가 났습니다. 강도와 속도만 다를 뿐 계속해서 똑같은 음만 낼 뿐이었습니다. 연주자의 화려한 손놀림으로도 그 피아노 앞에서는 솜씨를 뽐낼 수 없었습니다.

그러면서 광고는 이런 카피로 마무리 됩니다. 'Be together, not the same'. 즉, "함께하면 다릅니다"라는 것이죠. 피아노가 가지고 있는 88개의 키는 각자 한 가지 음정씩을 가지고 있습니다. 음정 하나하나가 중요한 것은 사실이지만, 그 자체만으로 음악이 될 수는 없습니다. 하나의 음만으로는 아름다운 하모니를 이룰 수 없기 때문입니다. 그러나 그 단순한 음들 88개가 모여 아름다운 하모니를 이루게 되면, 때로는 불치병마저 치료하는 놀라운 능력을 발휘하게 됩니다. "함께하니까 달라지는 것"입니다.

함께하니 달라지고 조화롭습니다.

교회의 또 다른 특징 하나는 '통일성'입니다. '통일성'이란 말에는 '다양성'이란 뜻이 내포되어 있습니다. 다양한 것이 하나될 때 우리는 그것을 '통일'이라고 말하기 때문이죠. 하나님께서는 우리에게 수많은 다양함을 허락하셨습니다. 그분은 자연 만물을 다 다르게 창조하셨습니다. 인간 또한 '어쩜 그렇게 다 다를 수 있을까' 하는 생각이 들 정도로 다양하게 창조하셨습니다. 이렇듯 하나님께서 창조하신 모든 것은 다양성을 가지고 있습니다. 하나님의 창조 원리가 다양성이기 때문이죠.

그러나 세상의 모든 문제도 이 다양성으로부터 시작된다는 점을 부인할 수 없습니다. 교회의 갈등, 세상의 갈등, 관계의 갈등, 이 모든 것은 서로 다르기 때문에 일어나는 일들입니다. 그래서 세상은 점점 개인화, 세분화되어 갑니다. 서로 괜히 부딪히지 말고, 끼리끼리 잘 하라는 것이죠. 그리고 실제로 그 방식이 더 좋은 결과를 만들어내는 경우도 있습니다.

그러나 우리를 향한 하나님의 뜻은, '잘됨'이 아닙니다. '하나됨'입니다. 하나됨을 통해 영광 받으시는 분이 하나님이십니다. 조금 삐거덕거리고, 눈에 띄게 잘되지는 않는다 할지라도 하나님께서 우리에게 요구하시는 것은 '잘됨'이 아니라, '하나됨'입니다.

교회도 마찬가지입니다. 교회는 늘 '하나됨'을 좇아야 합니다. 교회는 '잘됨'을 좇는 즉시, 나락하게 되어 있습니다. 바깥으로는 더 세련되고 그럴 듯하게 보일지 모르지만, 안으로는 하나님께서 원하시는 것이 아닌, 세상이 원하는 것들로 가득 찰 수밖에 없을 것입니다.

다양성 속에서 통일성도 존재합니다.

'아름다움' 은 다양한 것들이 하나될 때, 자연스럽게 나오는 탄성입니다. 서로 다른 곳에서 모인 물들이 아름다운 바다를 이루듯이, 서로 다른 악기가 하나되어 아름다운 오케스트라가 되듯이, 서로 다른 신체 부위들이 모여 아름다운 몸을 만들어 내듯이, 서로 다른 성도들이 모여 하나되는 교회를 볼 때 그것이 하나님과 세상으로부터 '아름답다' 라는 탄성을 이끌어낼 것입니다.

성도들의 다양한 삶의 배경과 신앙의 깊이는 교회를 갈라놓는 적이 아닙니다. 오히려 아름다운 교회를 만들어가는 재료입니다. 성도들의 다양한 의견과 나눔들은 갈등의 원인이 될 수 없습니다. 오히려 아름다운 은혜를 보여줄 수 있는 기회입니다.

꼭 기억하기를 원합니다. 하나됨은 '단조로움' 이 아닙니다. 하나됨은 '획일' 도 아닙니다. 하나됨은 '무능력' 도 아닙니다. 하나됨은 '아름다움' 입니다. 하나님께서 허락하신 다양함을 '잘되는 것' 에만 몰두시키는 세상의 목소리에 끌려가지 않기를 원합니다. 비록 천천히 갈지라도, 세련되지 못할지라도, '하나되어 함께' 혹은 '늦더라도 함께' 가는 것이 '다름' 이요, '거룩함' 이라는 것을 하나님의 음성으로 믿고 따를 수 있는 우리가 되기를 진심으로 소망합니다.

함께하면 다릅니다. 하나됨이 능력입니다. 이제는 한국 교회가 '일보다 관계' 를 더 소중히 여기는 개혁적 몸부림이 있기를 소망합니다.

서로 다른 것들이 모여 하나 될 때 비로소 아름다움을 볼 수 있다.

Chapter 5

우리를 향한 하나님의 사랑 표현, '교회'

그리스도인들 중에서 가장 무서운 사람은 어떤 사람일까요? 아마도 "저는 하나님만 바라보며 신앙생활합니다"라고 말하는 사람일 것입니다. 그런데 과연 하나님만 보며 신앙생활하는 것이 하나님께서 원하시는 모습일까요? 아니, 그리스도인에게 과연 하나님만 바라보는 것이 전부일까요?

그리스도인으로서 하나님만 바라본다는 것은 신앙의 전부가 아니라, 다만 '신앙고백' 입니다. 즉 예수님을 믿음과 동시에 우리는 하나님만 바라보기로 결단한다는 신앙고백인 것이죠. 그러나 많은 사람들이 착각합니다. 자기 자신과 하나님과의 관계만 생각합니다. 그러다보니 세상과 사람들을 외면하며 신앙생활을 하는 분들이 어느덧 참 많아지고 있습니다. 그 결과, 그들로부터 우리가 외면당하고 있습니다. 마치 스스로 홀로 떨어져 비를 맞으며 떨고 있는 참새처럼 말입니다.

스스로 홀로 된 참새와 같은 성도들

물을 먹기 위해서 가장 필요한 것은 무엇일까요? 어떤 사람들은 '물을 마실 도구'가 중요하다고 생각합니다. 그러나 그것만 있고 정작 물이 없다면, 갈증은 해소할 수 없을 것입니다. 반면 어떤 사람들은 '물'이 중요하다고 생각합니다. 그러나 물만 있고 물을 마실 도구가 없으면, 아마 한 방울도 제대로 입 안에 넣을 수 없을 것입니다. 한마디로 그림의 떡일 뿐입니다.

마찬가지로 '내용과 형식'은 모두 중요한 것입니다. 아무리 직분을 가지고 교회를 잘 다니며 봉사를 많이 할지라도 그 안에 복음이 없으면 겉으론 좋은 신앙이라 평가 받을지 몰라도, 영적인 갈증을 해소할 수는 없을 것입니다. 반대로 아무리 복음을 잘 알아도 그것을 자기 주위 사람들에게 신앙의 모습으로 표현하지 못하면, 그 복음은 아무런 효력도 발휘하지 못할 것입니다.

물과 그것을 마실 수 있는 도구가 필요하듯이

그래서 신앙생활에 있어서 "나는 누가 뭐래도 하나님만 만족시키면 돼, 누가 뭐래도 난 하나님만 바라보고 살 거야"라고 하는 것은, 말은 맞지만 상당히 위험성이 있는 생각일 수 있습니다. 그래서 하나님께서는 우리에게 '하나님을 사랑하고, 동시에 이웃을 사랑하라'고 명령하셨습니다. 보이지 않는 하나님에 대한 사랑이 보이는 이웃을 통해 드러날 때, 그것이 진정한 복음이 되기 때문입니다.

　교회도 마찬가지입니다. '교회란 무엇인가?' 물을 때, 가장 중요한 것은 '우리 각 개인이 교회'라는 사실입니다. 그러나 그것이 우리의 '가시적 교회', '제도적 교회'에 대한 부정이 되어서는 안 됩니다. "나 스스로가 교회이기 때문에, 내가 하나님께 약속한 시간에 개인적으로 예배 드릴거야. 그럴듯한 건물을 소유한 교회는 다 타락한 교회야. 사람들이 정해놓은 교회의 제도는 불완전한 것이니까 난 따를 수 없어." 혹시 이런 생각을 가지고 있지는 않습니까?

　종교개혁자들은 가시적 교회, 제도적 교회를 부정하지 않았습니다. 오히려 그 중요성을 강조합니다. 그것은 가시적 교회가 완벽해서가 아닙니다. 오히려 우리가 연약하기 때문입니다. 악함과 약함을 가진 우리가 보이지 않는 하나님만 바라보며 바른 신앙생활을 할 수 있을까요? 아마 그것은 천국에서나 가능한 일일 것입니다.

가시적 교회도 중요합니다.

착각해서는 안 됩니다. 교회가 완벽해서가 아닙니다. 우리가 정말 악하고 약한 존재이기 때문입니다. 교회 없이는, 하나님을 어떻게 사랑해야 하는지도 모르는 존재가 우리이기 때문에 그렇습니다. 그래서 교회는, 타락한 우리가 하나님을 경험할 수 있는 가장 탁월한 은혜의 통로요, 하나님의 뜻대로 살아갈 수 있도록 돕는 인도자가 되는 것입니다.

예수님께서는 보이지 않는 하나님으로 세상에 계시지 않으셨습니다. 눈에 보이는 인간이 되셔서 이 땅에 오셨고, 우리에게 사랑을 표현하시며, 우리를 구원해주셨습니다. 마찬가지로 인간들도 눈에 보이는 교회를 통해, 또한 눈에 보이는 그 누군가를 통해 교회로 인도함을 받고 주님을 만난 후 구원을 받습니다. 그러므로 눈에 보이는 것은 하찮은 것이 아닙니다. '우리를 향한 하나님의 사랑 표현'입니다.

점점 타락하는 모습을 보이는 이 시대의 교회들을 바라보며 가시적 교회, 제도적 교회에 대한 부정이 날로 심해지고 있습니다. 그리고 '나홀로' 신앙생활하는 분들이 점점 늘어가고 있습니다. 그러나 성도는, 자신이 다니는 눈에 보이는 교회 안에 머물 때에 가장 안전합니다. 동시에 거기에서 하나님이 주시는 영의 양식을 주기적으로 공급받으며, 그분과 친밀한 신앙생활을 유지할 수 있을 것이라 믿습니다. 꼭 기억하십시오. 성도님이 지금 다니고 있는 그 교회는 하나님께서 허락하신 특별한 선물입니다. 바로 그 교회가 "여러분을 향한 하나님의 사랑 표현"입니다. 아멘!

영의 양식을 주기적으로 공급 받아야 할 교회 생활

Chapter 6

교회교육, 이 세상을 살리는 출발점입니다

2016년 2월 19일, 과도한 교육열로 아이를 닦달하는 아내의 행동이 이혼 사유에 해당한다는 법원 판결이 나왔습니다. 이혼청구소송을 맡은 판사는 아이에 대한 친권 및 양육권도 남편에게 있다고 판단하였습니다. 아내는 사립학교 교사로, 아이에게 방과 후 학습부터 학습지 교육, 피아노, 수영, 태권도 등 과도한 교육을 요구했고, 새벽 3~4시까지 잠을 재우지 않고 공부를 시킨 적도 많았다고 합니다. 아내는 아이에게 공부를 시키는 것은 부모의 의무라며 부당함을 주장했지만, 결국 법원은 남편의 손을 들어 주었고 아이를 위해서 양육자 또한 아버지가 되어야 한다고 판결했습니다. 우리나라만큼 교육열이 높은 나라도 거의 없을 것입니다. 이제는 그 원인을 찾는 것이 무색할 만큼, 우리는 비교와 경쟁에 너무 익숙해져 버린 것 같습니다. 그 비교와 경쟁은 존재만으로도 존귀한 아이들의 가치를 순위로 매기고 있으며, 다른 사람을 밟고 일어서야 성공할 수 있다는 경제 논리를 부추기고 있습니다. 이 시대의 교육들이 이런 사상으로 완전히 물들어가고 있다는 것을 부인하지 못할 것입니다. 그런데 더 큰 문제는 교회마저 별반 다르지 않다는 것입니다. 세상 교육이야 세속화 되는 것이 당연하다 할지라도, 교회는 달라야 하지 않겠습니까?

지쳐있는 아이들

흔들리는 풍랑 속에서라도 끝까지 중심을 잡아줘야 하는 교회가 오히려 세상을 졸졸 따라, 함께 그 길을 걸어가고 있다는 게 참 안타까운 현실입니다. 이제는 주일학교 교역자와 선생님들이 학생들의 예배 출석 문제조차도 눈치를 보며 똑바로 말하지 못하고 있습니다. 그들의 부모님이 교회의 중직자임에도 불구하고 말입니다.

물론 교육열은 좋은 것입니다. 교육이 사람을 바꾸기 때문입니다. 예수님도 제자들을 교육하셨고, 또한 우리에게 제자들을 세우고 교육할 것을 명령하셨습니다. 즉 예수님을 믿는 것과 함께, 그분을 아는 데 장성한 분량에 이르도록 우리는 가르치고 배워야 합니다. 그런데 그보다 더 중요한 것은 '어떤 교육을 하는가?' 입니다. 장애우 사역을 감당하고 있는 어느 선교사님의 말씀이 기억납니다. "교회교육은 세상과 달라야 합니다."

세상에서 하는 교육 방식을 재빠르게 도입하는 게 올바른 교회교육은 아닙니다. 교회교육은 예배를 가르치는 것입니다. 어떻게 하나님을 인정하고, 어떻게 하나님을 사랑하고, 어떻게 세상 속에서 하나님을 드러내야 하는지를 가르치는 것이 교회교육입니다. 거기에 교회교육과 세상 교육 사이의 차별성이 있고, 고유한 능력이 있는 것입니다. 그렇습니다. 우리가 아무리 부지런히 세상 교육을 좇아가고자 한들, 과연 세상 교육의 효율성과 관리 능력, 재정 규모와 인적 자원을 따라 잡을 수 있겠습니까?

세상 교육의 파도를 거슬러 가야 할 주일학교 교육

거의 불가능합니다. 세상 교육을 따라가는 것은 세상의 빛과 소금이 되는 길이 아닙니다. 도리어 그 곳에서 절대 가르칠 수 없는 것, 바로 '예배와 복음'이 교회 교육의 초심이요, 열심이며, 뒷심이 되어야 함을 반드시 기억해야 합니다. 지식이 아닌 하나님의 지혜를 가르치는 교회, 성적이 아닌 우선순위를 가르치는 교회, 비교가 아닌 사랑을 가르치는 교회, 경쟁이 아닌 동행을 가르치는 교회, 세상에서 성공하는 법이 아닌 세상에서 사람들을 섬기는 법을 가르치는 교회가 되어야 합니다. 그럴 때 우리 아이들이 세상 속에 침몰하여 살아가는 존재들이 아니라, 세상을 변화시키는 삶의 예배자요 세상을 움직이는 인물들로 자라게 될 줄 믿습니다.

앞으로 우리 아이들이 살아가야 할 현장은 완전무장을 해도 안심할 수 없는 전쟁터요, 조금만 방심하면 금세 빠져 허우적대는 늪과 같은 곳입니다. 그렇다면 이런 현실 가운데 교회가 개혁적으로 감당해야 할 일은 무엇입니까? 바로 다음세대를 잘 교육하는 것입니다. 이것이야말로 교회의 최우선 사명이고, 이 시대에 한 줄기 희망이 될 것입니다.

세상을 변화시킬 아이들을 파송하는 교회의 역동성

한국 교회의 진정한 종교개혁은 교회교육에 과감히 투자하는 것입니다. 더 이상 교회교육은 돈이 되지 않는다고 저 멀리 내팽개치지 맙시다. 도무지 아이들이 말을 듣지 않는다고 해도, 아무리 가르쳐봤자 변화가 없다고 해도 기피하지 말아야 합니다. 그들이 바로 서면 대한민국이 바로 서게 됩니다. 그들이 잘 세워지면 대한민국의 교회가 잘 세워질 것입니다. 하나님의 말씀으로 잘 양육된 그들이 대한민국 속에서 하나님의 나라를 이루어 낼 것입니다. 세상과 똑같은 아이들을 양산해 내는 교회가 아닌, 세상 속에 살아가지만 세상을 변화시킬 수 있는 아이들을 세상 속으로 파송하는 그런 교회가 되어야 합니다. 그것만이 우리나라와 세상을 다시 살리는 출발점이 될 것입니다.

Chapter 7

행복하게, 그리고 안전하게

"저 높이 솟은 산이 되기보다는 여기 오름직한 동산이 되길… 삶의 한 절이라도 그분을 닮기 원하네."

한웅재 목사님의 '소원'이라는 곡에 담긴 가사입니다. 아마 이 곡은 기독교인들에게 가장 오랫동안 사랑을 받고 있는 찬양 중에 하나가 아닐까 생각됩니다. 물론 아름다운 멜로디 때문이기도 하지만, 그 아름다운 멜로디에 담긴 가사가 우리의 마음에 긴 여운을 남기기 때문일 것입니다.

그런데 어떻게 보면 그 가사가 꽤 부정적이고 소극적으로 느껴질 수도 있습니다. "어차피 산이 되려면 높은 산이 되어야지, 왜 동네 작은 동산 정도가 되려고 하느냐?" 또는 "이왕 예수님을 닮으려면 온전히 닮으려고 해야지, 그렇게 목표를 낮게 잡아서야 되겠나?"라고 반문할 수 있기 때문입니다. 그런데 꼭 그렇게 높은 목표만 잡아야 하겠습니까?

높은 산처럼, 높은 목표만 잡아야 하는가?

저의 손주가 자전거를 처음 배울 때가 기억납니다. 손주 녀석이 무슨 수로 처음부터 혼자 자전거를 타고 쌩쌩 달릴 수 있겠습니까? 다만 아빠가 뒤에서 밀어주기 때문에 배울 수 있는 것입니다. 아빠는 보통 자기 어린 아들이 원하는 대로 밀어 줍니다. 그러나 때론 아들이 원하지 않은 쪽으로 밀어 주기도 합니다. 그 이유는 아들에게 자전거를 가르쳐주는 아빠에게 최소한 두 가지 원칙과 목표가 있기 때문입니다.

첫째 '행복하게', 둘째 '안전하게' 입니다. 즉 자기 아이가 행복하고 재미있게 자전거를 타게 하는 동시에, 다치지 않고 안전하게 예정된 목적지에 도달하게 하기 위함입니다. 마찬가지로 주님의 사역을 감당하는 우리와 하나님과의 관계도 그렇습니다.

겉으로 보기에는 우리 스스로 모든 일을 다 하는 듯합니다. 우리가 원하는 방법대로, 우리가 목표한 속도대로, 우리가 원하는 기간 내에 그 일을 해 나갑니다. 그리고 그 과정과 결과를 보면서 우리는 스스로 잘 하고 있고, 또 잘 해냈다고 자평하기도 합니다. 교회가 성장하는 것도, 성도들이 잘 모이는 것도, 출석률이 점점 좋아지는 것도, 성도들이 하나되어 함께 전진하는 것도, 심지어 성도들이 선포한 말씀에 은혜를 받는 것도 자신이 노력한 결과라고 생각합니다. 정말 그럴까요? 아닙니다. 절대 아닙니다.

우리 뒤에서 역사하시는 하나님의 은총을 기억하자!

하나님 아버지께서 우리 뒤에서, 또는 앞에서 직접 우리를 붙잡고 운전해 주신 결과일 뿐입니다. 그분께서 최소한 두 가지 원칙과 목표를 지키시면서 말입니다. 첫째 '행복하게', 둘째 '안전하게' 입니다. 사랑의 하나님은 이 두 가지 원칙을 다 이루시기를 원하십니다. 즉 우리가 하나님의 사역을 감당할 때 행복하기를 원하십니다. 그리고 그 행복이 위험한 자기 중심의 행복이 아니라, 안전한 하나님 중심의 행복이 되기를 원하십니다.

따라서 우리도 두 가지를 기억해야 합니다. 나뭇가지에서 노닥거리는 새가 아니라, 공중 나는 새처럼 실제 행함으로 행복을 경험해야 합니다. 동시에 안전하게 가기 위해서 자신이 감당하는 사역의 핸들을 철저히 하나님께 맡겨야 합니다. 그러나 불행하게도 지금 적지 않은 한국 교회 지도자들과 성도들이 점점 양극단에 빠져들어 가고 있음을 보게 됩니다. 한편에서는 자신은 아무것도 하지 않으면서 하나님께서 다 알아서 하실 것이니 염려하지 말라고 합니다. 또 한 편에서는 내 자신이 다 할 수 있다는 식으로 사역하고 있습니다. 그래서 우리는 '위험한 행복' 혹은 '불행한 안전' 속에서 총회 및 교회 일을 감당하고 있습니다.

자신을 허물고, 낮아지기 위해 결단하라.

그러면서 하는 말이 있습니다. "이렇게 하는 것이 다 하나님과 교단을 위한 일이요, 하나님의 뜻입니다!" 그러나 이제 우리는 하나님을 위해서 사역한다고 생각하는 마음을 버려야 합니다. 동시에 우리가 높은 산이 아니고, 오직 하나님만이 높은 산이심을 더 늦기 전에 결단 속에 행동으로 고백해야 합니다. 또한 우리가 완벽한 존재요, 최종 판단자가 아님을 고백해야 합니다. 오직 예수님만이 완벽하신 최종 판단자이십니다.

우리는 그저 오름직한 동산이 되고, 삶의 한 절이라도 예수님을 닮아가기를 소망하며 주님 사역을 해야 합니다. 그럴 때 드디어 '나'만큼 '너'와 '우리'도 보이기 시작할 것입니다. 또한 총회 및 교회 사역을 할 때 일만큼 관계를 소중히 여기며, 늦더라도 함께 가기 시작할 것입니다. 그것이 바로 '약할 때 강함 주시는' 하나님이 원리요, 예수님의 방법을 따라하는 개혁주의자의 모습일 것입니다.

Chapter 8

운명의 장난인가, 하나님의 섭리인가

드라마나 영화를 보면, 시청자들의 마음을 졸이게 하는 극적인 장면들이 많이 연출됩니다. 가령, '서로 만나야만 하는 두 사람이 지나가는 차로 인해서 만나지 못하는 상황, 잡히면 죽는 상황에서 가까스로 목숨을 부지하는 장면' 흔히 말하는 '운명의 장난'을 많이 보게 됩니다.

우리가 이렇게 볼 수 있는 이유는, 흔히 말하는 '전지적 작가 시점'으로 보기 때문일 것입니다. 모든 사람들의 상황과 감정을 알고 있으니, 마음이 졸이고 안타깝고 때로는 흥미로운 것입니다. 그들 입장에서는 아무것도 모른 채 살아가지만, 다 아는 우리 입장에서는 알면서도, 아니 아니까 더 조마조마 하며 보게 되는 것이죠.

사실 우리도 이러한 극적인 상황 가운데에서 살아가고 있는 것 아니겠습니까? 다만 모를 뿐이죠. 우리는 모르지만, 우리의 모든 만남이 극적으로 만나거나 못 만나게 되는 상황인 것이고, 수많은 사고와 위험 가운데에서 나도 모르는 무언가로 인해 목숨을 부지하고 있는 것입니다. 다만 우리는 '작가 혹은 연출가'가 아니기에, 그냥 모른 채 살아가고 있는 것이죠.

그렇다면 우리 인생의 '작가, 연출가'는 누구겠습니까? '하나님'이십니다. 우리의 인생을 '전지적 작가 시점'으로 보시는 분은 오직 하나님뿐이십니다. 우리는 아무것도 모른 채, 스스로 원인과 결과를 추측하며 살아가지만, 모든 것을 아시는 하나님께서는 노심초사 우리를 바라보고 계십니다. 그리고 정말 우리가 위험할 때에는 우리도 모르게 손을 쓰시며 돕고 계시는 것이죠.

마치 저 새가 지금 자신이 사진 찍히는 것도 모른 채 날아가듯이

그러나 우리는 그러한 사실도 모른 채, 우리 생각에 좋지 않은 일이 생기면 하나님 탓을 합니다. 그것이 더 큰 어려움으로부터 보호해주신 하나님의 인도하심인지도 모르고 말입니다. 그런데 어떻게 보면 그것이 우리 인간의 한계가 아닌가 싶습니다. 전지적 작가 시점으로 볼 수 없는 우리 인간의 '인생해석방법'인 것입니다.

한 가지 예를 들어봅시다. 칼을 처음으로 만든 사람이 있을 것입니다. 그 사람이 칼을 만들 때 어떤 마음으로 만들었을까요? '이 칼로 사람들이 서로 죽였으면 좋겠다. 이 칼로 인해서 아이들이 다쳤으면 좋겠다.' 이런 마음이었을까요? 아닙니다. '이 칼이 사람들에게 유익하게 사용되었으면 좋겠다'는 마음이었을 것입니다.

그래서 아무리 칼로 인한 범죄가 일어나도, 칼로 인해서 아이들이 다쳐도, 우리는 칼을 만든 사람을 원망하지 않는 것입니다. 그 의도를 아니까요. 그런데 왜 우리는 늘 하나님을 원망할까요. 하나님께서 세상을 창조하실 때, 선한 의도를 가지고 창조하셨음을 알고 믿음에도 불구하고, 우리는 마음에 안 드는 일이 있을 때마다, 하나님께 모든 탓을 돌립니다. 잘못은 아름답게 창조하신 세상을 마음대로 남용하고 오용한 우리에게 있는데도 말입니다.

우리가 위험할 때, 우리 모르게 손을 쓰시며 돕는 하나님

한국 교회와 성도들이 아무리 타락했다 할지라도, 그것은 하나님 탓이 아닙니다. 하나님께서 교회와 성도들을 세우실 때는, 아름다운 의도를 가지고 세우신 것입니다. 따라서 한국 교회와 성도들의 현실을 보며, 낙심해서는 안 됩니다. 우리의 악함과 약함으로 세상의 조롱을 받고 있는 현실이지만, 여전히 하나님께서는 우리를 가장 좋은 길로 인도하시기 위해 고군분투(孤軍奮鬪) 하고 있음을 믿기 때문입니다.

오히려 우리는 하나님으로 향한 손가락을 자신에게로 돌리고, 지금까지 일하셨고 여전히 일하고 계시며 앞으로도 일하실 '하나님의 섭리'를 깊이 묵상해야 할 것입니다. 이 세상의 모든 일들은 '운명의 장난'이 아닙니다. 세상 사람들은 그렇게 부를지 모르지만, 우리는 그것을 '하나님의 섭리'라고 부릅니다. 그리고 하나님의 섭리는 '내가 생각한 대로 잘 되는 것'이 아니라, '모든 것이 합력하여 하나님의 선한 의도가 이루어지는 것'입니다.

혹자는 '인생은 해석이다'라고 말했습니다. 전적으로 공감합니다. 만약에 한국 교회와 모든 성도들이 눈앞에 펼쳐지는 모든 일들을, 우리를 가장 좋은 길로 인도하고자 하시는 '하나님의 섭리'라는 관점으로 해석한다면, 절망 가운데에서도 희망을, 낙심 가운데에서도 소망을 발견하게 될 줄 믿습니다.

흑인 여인의 검은 피부와 잘 어울리는 의상처럼 모든 것이 합력하여
선을 이루게 하시는 하나님의 의도

Chapter 9

다를 때, 당길 수 있습니다

교회의 존재 이유는 무엇일까요? 세상과 똑같아져서 세상이 거부감을 느끼지 못하게 하는 것일까요? 하나님께서 그 모습을 보시고 "너희들이 참 그들을 사랑하는구나"라고 하실까요? 그렇지 않습니다. 하나님께서 원하시는 것은 그들을 사랑함과 동시에, 그 사랑이 어떻게 세상과 다른지를 보여주는 것입니다. 세상의 힘을 빌려 성도들을 모으는 것이 아니라, 세상의 힘을 초월하는 하나님의 능력으로 성도들을 오게 하는 것이 하나님의 뜻인 줄 믿습니다.

한 천사가 하나님께 질문했습니다. "하나님께서 제일 좋아하시는 색은 무엇입니까?" 하나님께서 대답하셨습니다. "나는 '하얀색'을 가장 좋아한단다. 왜냐하면 나는 너희의 죄가 주홍 같을지라도 눈과 같이 희어지게 할 것이고, 진홍같이 붉을지라도 양털같이 희게 할 것이기 때문이다." 천사는 이렇게 생각했습니다. '그럼 사탄이 제일 좋아하는 색은 '검정색'이겠구나.' 천사는 사탄에게 다가가 물었습니다. "사탄아, 네가 제일 좋아하는 색은 무엇이지?" 그러자 사탄은 대답했습니다. "나는 '회색'을 가장 좋아해." 사탄은 말을 계속 이어갔습니다. "왜냐하면, 회색은 흰색 같기도 하고 검정색 같기도 하거든…."

회색은 보는 사람에 따라 달라지는 색입니다. 흰색을 바라보는 사람에게는 검정처럼, 검은색을 바라보는 사람에게는 흰색처럼 보이기 때문이죠. 그래서 사탄은 지금도 교회를 '회색'으로 칠하려고 노력하고 있습니다. 어떻게든 교회의 표지를 희석시키려 노력하고 있습니다.

멋이 있으나 실상은 죽은 나무처럼

‘구도자 중심의 예배’, ‘청중을 이해하는 설교’, ‘모든 자들을 향한 사랑’ 저는 100% 공감하고 동의합니다. 분명 그래야 합니다. 그러나 그 가운데 절대 빠져서는 안 되는 교회의 표지가 있어야 합니다. 그것은 바로 ‘하나님 중심의 예배’, ‘성경을 떠나지 않는 설교’, ‘진리를 지키는 사랑’ 입니다. 어쩌면 ‘너무 당연하다’ 는 명목하에, 어느새 저 멀리 내팽개쳐진 것은 아닌가라는 생각을 해봅니다.

자석은 같은 극끼리 붙지 않습니다. 오히려 다른 극끼리 철썩 달라붙습니다. 착각하지 말아야 합니다. 교회가 세상과 같으면, 그들을 하나님께로 끌어올 수 없습니다. 오히려 교회가 세상과 달라야, 그들을 하나님께로 철썩 붙게 할 수 있습니다. 세상과 비교할 수 없는 놀라운 하나님 나라가 교회 가운데 실현될 때, 주의 성도들이 구름떼와 같이 몰려들 줄 믿습니다.

하나님께서 세우신 교회의 표지를 잃지 맙시다. 하나님께서 세우신 교회의 질서를 간과하지 맙시다. 때로는 그것이 세상과 대립각을 세운다 할지라도, 사랑으로 이겨냅시다. 하나님의 교회는 하나님의 질서 위에 세워지기 때문입니다. 한없이 세상을 사랑하되, 세상과 같아지지 않고, 하나님의 질서 위에 세상을 하나님 나라로 세워가는 한국 교회와 성도들이 되기를 진심으로 소망합니다.

어떤 상황에서도 변질되지 않는 생선 같은 예배, 설교, 사랑

제가 한국 교계와 성도들에게 줄곧 외치는 것이 있습니다. "하나되어야 합니다. 늦더라도 함께 가야 합니다. 일보단 관계입니다." 어떻게 보면 이 외침이 저의 목회를 이끌었다고 볼 수 있을 것입니다. 예수님께서 이 땅에 오셔서 우리와 기꺼이 하나되심으로 우리가 구원을 얻은 것처럼, 우리가 하나될 때 이 땅에 구원과 회복의 역사가 일어날 줄 믿습니다.

그러나 이 '하나됨'이 '똑같아짐'을 의미하는 것은 아닙니다. 세상의 진리와 기독교의 진리가 같고, 세상이 추구하는 것과 교회가 추구하는 것이 같다는 것이 절대 아닙니다. 오히려 다름을 인정하기에 하나되자고 말씀드리는 것이고, 그 다름이 하나될 때 하나님의 능력이 드러난다고 믿기 때문에 말씀드리는 것입니다.

교회는 분명 달라야 합니다. "내가 거룩한 것같이, 너희도 거룩하라"고 우리 주님께서 말씀하셨기 때문입니다. 그 다름 가운데 하나됨을 이루는 것이 하나님의 능력이요, 하나님을 믿는 교회와 성도의 능력인 줄 믿습니다.

하나님께서 허락하신 '교회의 표지'가 있습니다. 하나님의 말씀을 전하고 그 말씀대로 살아가도록 하며, 그 말씀을 기준으로 교회와 성도들을 세워나가는 것입니다. 이것은 세상이 할 수 없는 영역이며, 이 역할을 하지 못하는 교회는 방향을 잃은 난파선과 같을 것입니다.

다름이 하나 되기를 소망합니다.

그런데 애석하게도, 세상이라는 넓은 바다 위에 난파선만 떠다니는 것 같은 안타까움이 있습니다. 물론 그 어떤 폭풍우 가운데에서도 꿋꿋이 제 방향을 잃지 않고 항해하는 든든한 배도 있음을 믿습니다. 그러나 한편으로는 완전히 바닷속으로 침몰한 배도 있고, 반쯤 잠겨 휘청거리는 배도 있음을 인정할 수밖에 없습니다.

Chapter 10

권위, 버리지 말고 지킵시다

"아, 얼굴 저리 치워요…."

어디에 등장하는 말일까요? 한 기사를 보니, 아빠 얼굴을 밀어내며 짜증을 내는 아이들의 반응을 이렇게 표현하더군요. 그들은 아빠가 사진 한 장 찍자고 불러도, 한번 안아보자고 어깨를 끌어당겨도 눈 한번 제대로 안 맞추고 쌩하니 무시합니다. 그리고 오로지 친구와 장난감에만 관심을 보입니다.

과연 이것도 자녀의 권리이고 기호니까 존중해야 하는 것일까요? 이것도, 아버지의 권위를 인정하는 것과는 별개의 문제일까요? 과연 아버지의 모습을 존중하고 인정하지 않은 채, 아버지의 권위는 지켜질 수 있는 것일까요? 참 쉽지 않은 문제입니다.

대한민국 국민으로서 누구나 갖고 있는 정신이 있다면, 바로 '예의' 일 것입니다. 그리고 그 '예의' 는 윗사람을 공경하는 삶의 태도와 큰 관련이 있습니다. 그래서 세계 어느 곳을 가도, 우리나라 사람만큼 예의 바른 사람들은 없습니다. 심지어 손을 들고 '헬로우Hello, 굿바이Good bye' 를 할 때에도 고개는 함께 숙여지니 말입니다.

물론 이러한 모습이 한국 사회에 긍정적인 영향만 끼쳤다고 말할 수는 없을 것입니다. '지나친 예의', 즉 '권위' 가 아닌 '권위주의' 로 왜곡되기도 했습니다. 그리고 그 상처가 곳곳에서 드러나고 있음도 부인할 수 없습니다. 다만, 걱정되는 현실이 나타나는 것도 사실입니다. 반대 현상이 일어나고 있기 때문입니다.

부모의 말씀에 별 관심이 없고, 자기만 좋으면 되는 세대

이제는 '권위'라는 말이 '기득권, 꼰대, 구시대적 발상'이라는 말로 조롱 받고 있습니다. '예의'라는 말이, '아첨, 타협, 당당하지 못한 태도'라는 말로 무시당하고 있습니다. 권위와 예의를 떠난 '거친 말과 독설'이 박수 받고 칭찬 받는 시대입니다. 더 이상 '권위'는 '권위주의의 산물'일 뿐, 어느 곳에도 설 자리가 없어졌습니다.

부모의 권위, 선생님의 권위, 정치 지도자의 권위, 교회의 권위, 목사의 권위…. 모든 권위가 희미해졌습니다. 소통과 대화, 정말 중요합니다. 주장과 비판도 정말 필요합니다. 그러나 그것이 권위를 무시하는 도구가 되어서는 안 될 것입니다. 이들은 이분법적으로 접근할 문제가 아니라, 함께 가지고 가야 할 문제이기 때문입니다.

이러한 시대에 다소 불편한 말이라 할지라도 분명히 밝혀둘 점은 세상의 모든 권세는 하나님께서 허락하신 것이라는 사실입니다. 그래서 모든 권위가 다 옳다는 것도, 또는 하나님께서 일부러 그리하셨다는 것도 아닙니다. 단지 그것을 통해 하나님의 뜻을 발견할 의무가 우리에게 있다는 것입니다. 이를 무시하기 시작하면, 자칫 모든 부분에서 하나님의 권위와 섭리가 무시될 수 있기 때문입니다.

모든 권위는 하나님께로부터 옵니다.

하나님께서 요구하시는 권위는 사람에 대한 권위가 아니라, 그 자리에 대한 권위입니다. 무조건적인 용서와 용납이 아니라, 최소한의 예의와 태도입니다. 권위를 인정하는 것은 비겁함이나 타협이 아닙니다. 그 사람이 하나님께서 보시기에 가장 탁월한 사람이라는 억지 해석도 아닙니다. 오히려, 그 연약함을 통해 일하실 하나님을 신뢰하는 중요한 신앙의 고백이자 표현인 것입니다.

디모데전서 3장 15절에서는 이렇게 말씀하십니다. "하나님의 교회는 진리의 기둥과 터입니다." 즉, 교회는 하나님의 진리가 세상으로 인해 무너지지 않도록 그 진리를 신실하게 지키는 역할을 해야 한다는 것입니다. 권위 없이 어떻게 이 일이 가능하겠습니까. 그래서 하나님께서는 교회에 권위를 부여해주신 것이고, 교회인 우리에게는 세상의 모든 권위를 인정하는 태도가 필요한 것입니다.

권위라는 단어에 대한 반감을 일단 버립시다. 그리고 성경적인 권위를 되찾읍시다. "자기 주장이 답이다!"고 외치는 시대에 편승하지 말고, 먼저는 하나님께서 세우신 권위를 인정하며 그 가운데 나에게 주신 하나님의 뜻을 발견합시다. 그럴 때, 내가 아닌 하나님께서 그 뜻을 밝히실 줄 믿습니다.

다시 한 번 기억하십시오. 권위는 구시대적 유물이 아닙니다. 권위는 권위주의와 분명히 다릅니다. 권위는 반드시 우리가 지켜야 할, 그리고 지켜줘야 할 하나님의 뜻입니다. 사랑과 배려 속에, 예의와 질서를 지키며, 따뜻한 권위를 세워나갈 때, 하나님께서 한국 사회와 한국 교회에 "정의를 물같이, 공의를 마르지 않는 강같이" 흐르게 하는 은혜를 허락하실 줄 믿습니다.

권위를 인정하고 지킴이 절실합니다.

Chapter 11

지켜야 할 것을 지킵시다

어느 관계에나 지켜야 할 최소한의 선이 있습니다. 가령, "그럴 거면 이혼해!"라는 말을 밥 먹듯이 하는 배우자와 어떻게 행복한 결혼생활을 할 수 있겠습니까? "저는 밤잠이 많아서 야간 근무는 설 수 없습니다"라고 말하는 군인에게 어떻게 나라를 맡길 수가 있겠습니까? 이렇듯 관계는 최소한의 선을 지킬 때에 유지될 수 있는 것입니다.

하나님과의 관계에서도 지켜야 할 최소한의 선이 있습니다. 그것은 바로, "예수님은 하나님이십니다. 예수님은 우리를 구원하시기 위해 인간으로 이 땅에 오셔서 십자가에 못 박혀 돌아가셨습니다. 예수님은 분명히 부활하셨습니다. 예수님은 다시 오셔서 완전한 하나님 나라를 완성하실 것입니다. 예수님을 믿는 자는 영원한 생명을 얻습니다. 이는 100% 하나님의 은혜로만 가능한 것입니다"라는 신앙고백입니다.

이것은 말 그대로 진리입니다. 하나님을 주인으로 모시는, 교회와 성도가 절대로 포기해서는 안 될 신앙고백입니다. "기독교는 너무 배타적이야"라고 말해도 절대 양보해서는 안 될 것입니다. 그것이 교회 존재 이유이고, 성도의 믿음이기 때문에 그렇습니다.

그러나 이것이 세상과의 차단을 의미하는 것은 아닙니다. 많은 사람들이 착각합니다. 진리를 지키기 위해서는 악하고 잘못된 자들이 교회에 발들이는 것을 철저히 막아야 한다고 말합니다. 어느 정도 일리가 있는 말입니다. 그러나 한편으로는 그런 태도가 교회를 관심 밖 존재로 만들었는지도 모릅니다.

지켜야 할 선

고린도교회는 분쟁과 파당, 질투와 싸움이 많았던 교회였습니다. 교회가 가질 수 있는 모든 문제를 다 가지고 있었던 공동체였습니다. 어떻게 보면 문을 닫는 게 복음에 더 도움이 될 교회였는지도 모릅니다. 그러나 하나님께서는 고린도교회의 문을 닫지 않으셨습니다. 오히려 사도를 통해서 그 교회를 회복시켜 나가셨습니다. 이유는 한 가지입니다. 그 안에 하나님의 진리가 남아있었기 때문입니다.

그들의 행실은 한없이 타락했지만 그래도 그들이 가지고 있었던 신앙고백, 선포되는 말씀 안에는 진리가 있었기 때문입니다. 아직 열매 맺지 못하는 연약한 씨앗이었지만, 분명 그 씨앗이 복음의 씨앗이었기 때문입니다. 그 씨앗이 있었기에, 하나님은 기다리시고 또 기다리신 것입니다.

우리는 너무 한쪽에만 열을 올렸는지도 모릅니다. 지켜야 한다는 강박관념에 사랑하고 품어야 할 사람들까지 내쳤는지도 모릅니다. '타협'에 대한 거부감으로 마음을 너무 열지 않았는지도 모릅니다. 어쩌면 '술 담배 문제' '동성애 문제' '이단·사이비 및 이슬람 문제' 이러한 것에 집착한 나머지, 우리가 가진 고귀한 진리의 가치를 한없이 감추어두었는지도 모릅니다. 지킨다고 했지만, 오히려 지켜내지 못하고 있었는지도 모릅니다.

힘들지만 남은 희망이 있기에

진리와 관용은 배타적인 것이 아닙니다. 절대성과 융통성은 양립할 수 없는 것이 아닙니다. 오히려 교회는 진리와 관용이 함께하고, 절대성과 융통성이 조화를 이루어야 하는 곳입니다. 왜냐하면 그게 예수님께서 직접 보이셨던 복음이기 때문입니다. 사복음서에 나타난 예수님은, 그 어떤 사람보다도 진리를 철저하게 지켰던 분이셨습니다. 그러나 한편으로는 어떤 사람보다도 급진적이고 개혁적으로 모든 사람들을 받아들인 분이셨습니다.

한국 교회가 많은 욕을 먹고 있습니다. 그 이유는 어떤 분들이 말하는 것처럼, 단순히 진리 수호의 결과만은 아닙니다. 복음을 지키기 위한 고난으로만 볼 수는 없습니다. 그건 보기 좋은 핑계일 뿐입니다. 오히려 우리의 사랑과 관용이 부족했기 때문입니다. 죄인 주제에 죄인을 품지 못했던 위선 때문입니다. 그럴듯한 신앙만 가졌을 뿐, 그 안에 아무런 희생이 없었기 때문입니다.

진리는 우리가 어떻게 한다고 되는 것이 아닙니다. 우리가 지켜낸다고 지켜지는 것이 아닙니다. 우리가 연약함을 품는다고 해서 무너질 진리가 아닙니다. 하나님은 약할 때 강함 되시는 분이기 때문입니다. 비록 우리 안에 연약함이 있다할지라도, 하나님께서 그 연약함을 통해 일하시면 그것은 강함이 될 줄 믿습니다. 그것이 하나님께서 일하시는 방법이고, 영광 받으시는 방법이기 때문입니다.

사랑하는 독사 여러분, 하나님께서 일하시면 진리는 절대 무너지지 않는다는 것을 기억하시고, 바른 신앙고백과 함께 예수님처럼 한없는 사랑과 관용으로 하나님과 동행하시는 복된 삶을 살아가시기를 진심으로 소망합니다.

진리와 관용, 절대성과 융통성이 조화를 이루듯

Chapter 12

세상의 길 위에서
하나님의 길을 걸어갑시다

저는 야구를 참 좋아합니다. 때로는 야구를 보며 '우리가 살아가는 인생 같다' 라는 생각을 해봅니다. 1회부터 9회까지 주어진 동일한 시간, 승리라는 동일한 목표, 그 안에서의 다양한 전략, 예상할 수 없는 상황의 연속, 결국 승리자는 한 팀에게만 주어진다는 것. 이 모든 것이 인생을 표현해 주는 것 같습니다.

개혁주의를 표방하는 교회가 때때로 오해하는 것이 있습니다. '하나님의 교회는 1회부터 9회까지 하나님의 뜻대로 세운 우리의 전략에 따라 실수 없이 진행될 것이며, 결국 멋지게 승리할 것이다' 라는 생각입니다. 어떻게 보면 맞는 말입니다. 그러나 그런 생각 때문인지, 중간 중간 끼어드는 수많은 어려움과 위험에 대해 과민 반응할 때도 있습니다. 때로는 그 관념을 지켜내기 위해 지나친 고집을 부릴 때도 있는 것 같습니다.

그러나 현실은 어떻습니까? 하나님께서 세우신 교회라 할지라도, 이 땅에서 교회가 겪는 상황은 호락호락하지 않습니다. 늘 어려움과 아픔이 있고, 상처와 분열이 있고, 악한 자들과 약한 자들이 함께 합니다. 아무리 우리가 하나님의 뜻대로 전략을 짜고 발버둥쳐도 현실은 크게 바뀌지 않습니다.

모든 것이 잘되고 평화스러울 것 같은 교회

그래서 칼빈은 교회론을 말할 때, '악한 것과의 교제'를 강조합니다. 우리가 살아가는 세상과 교회라는 밭에는 '알곡과 가라지'가 섞여 있다는 것을 인정하라는 것입니다. 인정하라는 게 무조건 똑같아져야 한다는 것도, 무조건 배척하라는 것도 아닙니다. 그 안에서 그들과 함께 동거하라는 뜻이 아니라, '그럼에도 불구하고' 교제하며 살아갈 방법을 찾으라는 것입니다.

　세상은 상당히 빠른 속도로 변해가고 있습니다. 그리고 그 빠른 속도를 쫓아가지 못하면 세상에서 도태될 수밖에 없습니다. 교회도 그 가운데 서 있는 것입니다. 교회는 저 멀리 산 속에서 주님만을 묵상하며 자기 수양하는 곳이 아닙니다. 누군가의 말처럼 "세상의 길 위에서 하나님의 길을 걸어야 하는 존재"가 교회입니다.

　그러기 위해서는 성경의 가치관, 또는 하나님의 생각과 다른 자들과 함께 살아가는 지혜가 필요합니다. 그들과 함께 교제하면서 그들을 하나님의 품으로 안을 수 있는 방법을 찾아야 합니다. 그래서 힘든 겁니다.

　나만 잘하는 것은 쉽습니다. 우리 교회만 잘 이끄는 것은 쉽습니다. 그러나 우리는 세상과 함께 가야 하고, 세상의 가치관을 가진 자들과 함께 해야 합니다. 복음을 지키면서 말입니다. 그러므로 우리의 삶이 쉽지 않은 것은 어떻게 보면 무척 당연한 것입니다.

급변하는 세상 속에서 악한 것과 동거하지는 않지만
'그럼에도 불구하고' 우리는 그들과 교제하며 변화를 추구해야 합니다.

그래서 "개혁교회는 늘 개혁될 수밖에 없는 것"입니다. 절대 변하지 않는 하나님의 말씀을 굳건히 붙잡되, 정신없이 변해가는 세상과 함께 걸어가야 하기 때문에 개혁은 필수인 것입니다. 그들과 함께 섞여 살면서 구별되어야 하기 때문에 그것이 개혁인 것이고, 힘들 수밖에 없는 것입니다.

교회를 향한 공격이 매섭습니다. 비성경적인 가치관이 교회로 침투하고 있습니다. 앞으로 이런 현상이 더욱 심해질 것은 자명한 사실입니다. 그러나 하나님은 절대 악과 무관하신 척하지 않으실 것입니다. 오히려 악이 득실거리는 상황 속에서 자신의 의를 드러내시는 방법을 택하실 것입니다. 비성경적인 흐름 속에서도 여전히 승리하는 복음의 능력을 보이실 것입니다.

여러분은 어떻게 살아가시겠습니까? 경기가 잘 풀리지 않는다고 불평하며, 자기 뜻대로 이 선수 저 선수 바꿔가며 9회까지 조마조마 하시겠습니까. 아니면 9회 말 투아웃에서 역전 만루 홈런을 치실 하나님을 소망하며, 하나님께서 짜주신 선수와 전략을 신뢰하며, 때론 잘 풀리지 않더라도 지금 주어진 이닝에 주어진 자리에서 최선을 다해 여러분의 소임을 다하시겠습니까.

분명히 기억합시다. 우리가 승리하는 이유는 잘 짜여진 각본 때문이 아니라, 결국 승리라는 결론으로 각본을 만들어 놓으신 하나님 때문인 줄 믿습니다.

교회를 향한 공격은 매섭지만 결국 복음으로 승리하실
우리 하나님을 신뢰합시다.

Chapter 13

나보다 남을 낫게? 낮게?

세계적인 문학자이자, 기독교 변증가인 C. S. 루이스가 쓴 『스크루테이프의 편지』에 이런 재미있는 이야기가 있습니다. 늙은 삼촌 악마는 젊은 조카 악마에게 이렇게 조언한다.

"신자가 겸손해지면 위기감을 갖고 긴급히 대응해야 하는데, 그 상황에서는 무엇보다 자기가 겸손해졌다는 사실에 관심을 갖도록 유도해야 한다.

'세상에! 내가 이렇게 겸손해지다니…' 하는 자부심과 만족감을 갖게 되면, 그 순간 자신이 겸손해졌다는 교만이 고개를 쳐들게 된다. 신자가 이것조차 유혹으로 생각하고 마음을 다 잡으려고 한다면, 자신이 이렇게 근신하려고 한다는 사실 자체를 자랑스러워하도록 만들면 된다."

참으로 고개가 절로 끄덕여지는 탁월한 비유입니다. 이처럼 '교만'은 신앙생활 잘하고 있는 가운데에서도 언제 불쑥 튀어나올지 모르는 경계대상 1호가 아닌가 싶습니다. 교만이란 단어는 라틴어로, '수페르비아'라고 하는데, 이 단어에는 '자기 높이기'라는 뜻이 담겨져 있습니다. 즉, 자신을 다른 사람들보다 높이려고 하는 것이 교만인 것이다.

한없이 교만하며 높아지려는 우리 마음

성경은 이렇게 말씀합니다. "오직 겸손한 마음으로 각각 자기보다 남을 낮게 여기고" 그러나 우리는 '낮게'라는 말 속에 담겨 있는 사람 人자에 하나 ㅡ를 더 갖다 붙입니다. 그것은 바로 우리 자신입니다. 늘 자기 자신이 모든 사람 '위에' 있고 싶어 합니다. 발음도 같아서 속이기도 좋습니다. 그래서 우리는 나보다 남을 '낮게' 여긴다고 하면서, 실제로는 나보다 남을 '낮게' 여기고 있는지도 모릅니다.

'자기 높이기'를 좋아하는 우리는 늘 자신의 뜻이 옳은 것으로 착각합니다. 자신의 뜻대로 되지 않으면 불만과 분노를 표현합니다. 자기 뜻대로 되지 않는 일에 한 사람이라도 불만을 갖고 있으면, 그것이 전체의 의견인양 소문을 내기도 합니다. 이렇게 교만이 이곳저곳 숨겨져 있는 교회는 바람 잘 날이 없습니다. 교만의 목적은 공동체를 분열시키는데 있기 때문입니다.

이 뿐입니까? 교만은 늘 다른 사람을 판단하고 정죄합니다. 자기가 교만인지도 모르고, 늘 남의 교만을 지적합니다. "아직 신앙이 많이 부족해서 그래… 기도 더 해봐… 그건 하나님의 뜻이 아니야…" 칭찬에도 인색합니다. "그거 네가 한 거 아니야… 하나님께만 영광 돌려야 해…" 맞는 이야기, 그러나 참 기분 나쁘게 합니다. 입에는 늘 불평이 있습니다. "거봐, 내가 말한 대로 했으면 됐을 것을… 저래서 뭐가 되겠어?"

겸손하며 비판이 점점 없어져야 할 우리의 삶

그러나 우리가 반드시 기억해야 할 것이 있습니다. 우리 옆에 있는 지체들은 경쟁 상대가 아니라, 한 가족이라는 사실입니다. 옆사람을 통해 내가 더 예수님 잘 믿는다는 것을 뽐내는 것이 아니라, 함께 예수님 잘 믿기 위해 협력해야 하는 가족입니다. 옆사람이 뒤쳐져 있으면 내가 속도를 늦춰서라도 같이 가야 하는 것이 바로 내 옆에 성도요, 우리 공동체인 것입니다.

아우구스티누스가 말했습니다. "할 수 있는 만큼 긍휼로 교정시켜 주며, 그들로서 할 수 없는 문제에 대해서는 인내로 견디며, 사랑으로 아파하고 슬퍼하며, 하나님께서 그들을 교정시켜 주실 때까지, 아니면 마지막 추수 때에 가라지를 뽑으시고 쭉정이를 날려버리시기까지 기다려야 할 것이다."

하나님께서는 "교만한 자를 대적하시고, 겸손한 자들에게는 한없는 은혜를 베풀어 주시는 분"임을 믿습니다. 하나님께서는 "낮은 자리에서 공동체를 섬기는 자에게 결국 가장 높은 자리를 허락해 주실 분"임을 믿습니다. 이 글을 읽는 교회 지도자들과 성도들에게는 지적질보다는 칭찬을, 구시렁거리기보다는 격려를 통해 주의 몸 된 교회를 세워나가는 결단이 있어야 합니다.

우리는 경쟁 대상이 아니라 한 가족

지금 교단과 총신, 그리고 일부 교회들을 통해 들리는 깊은 신음소리의 근원은 무엇이라고 생각하십니까? 남을 낮게 여기지 않고, 남을 낮게 여기기 때문입니다. 그러나 조금이라도 남을 낮게 여기고, 자신을 낮게 여기면 분명 달라지는 것이 있습니다. 지금과 달리 교단, 총신, 교회를 보는 자신의 마음과 언행 그리고 결단이 달라질 것입니다. 또한 주위 사람들이 자신을 바라보는 평가가 크게 달라지는 걸 느끼게 될 것입니다. 그렇습니다. 진정한 종교개혁은 '나부터!' 입니다.

Chapter 14

걸음마를 떼는 아이처럼

나 ?, 어른이야 두 다리로 원하는 곳 어디든 다닐 수 있습니다. 그러나 이제 갓 돌이 된 아이는 난 한 발자국도 치열한 고민과 큰 노력 없이는 내디딜 수 있습니다. 어린 자녀가 처음으로 저 멀리서 부모에게 스스로 걸어와 안길 때의 그 기쁨, 자녀를 키워본 분이라면 누구나 공감할 것입니다.

부모는 자녀가 자신에게 안기기를 진심으로 소망합니다. 그렇다고 부모가 아이를 번쩍 들어 자신 앞으로 데려와 안지는 않습니다. 그 이유가 무엇일까요? 부모가 자녀에게 원하는 것은 단순히 안기는 것이 아니라, 오래 걸리더라도 또 조금 넘어지더라도 스스로 걸어와 안기는 것이기 때문입니다. 이것이 아버지 하나님께서 자녀인 우리를 향해 보여주시는 모습입니다.

하나님께서는 우리에게 이런 요구를 하십니다. "내가 거룩하니 너희도 거룩하라." "내가 완전한 것처럼 너희도 완전하라." 그런데 이 요구를 하시는 하나님의 의도를 잘 파악해야 합니다. 그렇지 않으면 '그게 교회냐? 그게 그리스도인이냐?' 하는 말이 난무할 테니까요.

분명 하나님께서는 우리가 완전하기를 원하십니다. 정말 예수님처럼 거룩하게 살기를 원하십니다. 그러나 단순히 우리의 완전하고 거룩한 모습만을 원하시는 것이 아닙니다. 그것만 원하셨더라면, 부모가 아이를 번쩍 들어 데리고 오는 것처럼 우리를 처음부터 아예 수동적인 존재로 만드셨겠죠. 하나님께서 진짜 원하시는 것은 우리가 한 걸음씩 내디디며 때론 넘어지기도 하지만, 그럼에도 불구하고 그 과정을 통하여 조금씩 더 하나님을 알아가기를 원하시는 것입니다. 그렇게 조금씩 온전함으로, 거룩함으로 나아가기를 원하시는 것입니다.

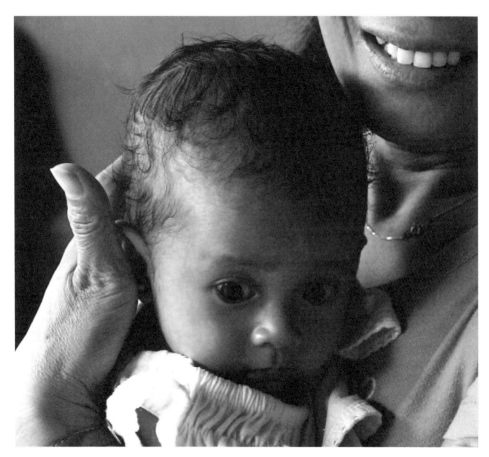

아기가 걸음마를 하며 다가올 때 부모의 기쁨이 어떠할까요?

하나님께서는 자신의 온전함과 거룩함으로 우리를 평가하지 않으십니다. 우리가 '신앙의 길음미를 떼기 위해 얼마나 노력하고 있느냐?'로 우리의 거룩함을 판단하십니다. 한마디로, 우리의 유일한 목표는 예수님처럼 온전해지는 것입니다. 그러나 하나님께서는 우리가 얼마나 예수님과 같은지로 판단하시는 것이 아니라, 그 목표를 향해 날마다 한 걸음씩 나가고 있는지 여부와 그 과정을 보시는 것입니다.

그런 의미에서 하나님께서 보시기에 거룩한 사람은 누구일까요? 당장 지금 모습은 추악하지만, 그래도 예수님을 바라보며 온전함을 추구하는 사람입니다. 날마다 최고는 아니더라도, 최선을 다해 살아가려 하는 그리스도인입니다.

반면 지금 모습은 누가 보더라도 그럴듯한 그리스도인 같지만, 고작 그 상태에 만족하며 실제로는 세상적인 목표만을 위해 밤낮으로 살아가는 그리스도인도 있습니다. 하나님은 과연 그 누구를 더 거룩하다 말씀하시겠습니까?

우리의 구원도 마찬가지 아닐까요? 우리가 정말 의인이어서 의인이라고 말씀하신 것이 아닙니다. 여전히 죄인이고 추악한 모습을 그대로 가지고 있지만, 하나님께서 그냥 '너 의인해라' 말씀해주셨기에 의인이 되고 천국에 가게 된 것 아니겠습니까? 그러므로 이미 구원 받았다고 스스로 의인인양 어깨에 힘 주면 아니 될 줄 압니다.

온전함을 향하여 한걸음 한걸음 내딛는 것이 바로 거룩

마찬가지로 우리 삶도 그 자체가 온전하고 거룩해서가 아니라, 그렇게 발버둥치는 모습을 보시며 주님께서 '너, 거룩하다' 라고 해주신 것을 깨달아야 할 것입니다. 이는 우리가 절대 기준을 낮춰도 된다는 말씀이 아닙니다. 우리의 기준은 명확합니다. '예수 그리스도' 입니다.

우리는 그 온전함을 위해 하루 하루 십자가를 지며 살아가는 것입니다. 그렇게 예수 그리스도를 유일한 목표로 삼고 어제보다는 오늘이 한걸음 더 나아갔다면, 때론 세상이 우리를 향해 손가락질한다 할지라도 하나님께서는 우리를 거룩하다 말씀하시며 흐뭇해하실 줄 믿습니다.

나아가 이 거룩함이 회복될 때, 세상으로부터도 손가락질이 아닌 칭찬과 명성을 얻게 될 것입니다. 지금 교회 밖에 계신 분들 뿐 아니라, 이미 섬기던 교회를 떠난 소위 '가나안 교인' 들이 심히 원하는 것이 있습니다.

그것은 교회와 교인들, 특히 교계와 총회 및 신학교에서 눈에 띄게 활동하는 분들이 '상식이 통하는 사람' 들이 되었으면 하는 것입니다. 즉 우리에게 성경에 근거한 무슨 특별한 온전함과 거룩함을 기대하기보다는 신자이든 불신자이든 누구나 이해하고 있는 상식 수준만이라도 통하는 사람들이기를 소망하고 있습니다.

심한 교통사고를 당한 후 재활치료실에서 마치 걸음마를 떼는 아이처럼 다시 걷기 연습을 시작하는 환자들이 그러하듯, 넘어졌던 우리들도 그렇게 걷기 시작해야 합니다. 드넓은 창공을 향해 다시 한 번 힘차게 비상하는 한국 교회가 되어야 합니다. 늦었다 할 지금이 바로 또 다른 시작의 기회입니다.

다시 걸음마를 시작하듯, 다시 비상해야 할 한국 교회

Chapter 15

복음의 정원사

차를 타고 캐나다 로키산맥을 향해 달리다보면, 입이 쩍 벌어지는 장관들이 펼쳐집니다. 그 모습을 보면 이런 생각이 문득 듭니다. '역시, 하나님께서 만들어 놓으신 그대로가 가장 아름답구나!' 그래서 자연을 제2의 성경이라고 합니다. 자연뿐만이 아닙니다. 사람도 마찬가지입니다. 태어난 지 얼마 되지 않은 아기가 가장 예쁩니다. 클수록 사람 냄새가 나고 이런 저런 때가 묻습니다.

그러면 하나님께서 만들어 놓으신 자연 그대로, 어린아이 그대로 보존하는 것이 우리가 해야 할 일일까요? 성경은 그렇게 말하지 않습니다. 달란트를 받아놓고 유지만 해놓은 종에게 크게 혼을 내십니다. 왜냐하면 우리는 청지기이기 때문에 그렇습니다. 청지기는 '보존하는 자'가 아니라 '가꾸는 자'이기 때문에 그렇습니다. 즉 하나님께서 우리에게 주신 유·무형의 것들을 아름답게 가꾸는 것이 하나님의 명령을 준행하는 것입니다.

그러나 우리는 이 문제 때문에 가끔 하나님께 이런 질문을 드리게 됩니다. '그럼 제가 어떻게, 무엇을 선택하는 것이 옳은 것일까요?' 성경을 읽거나 설교를 듣다보면 자신이 청지기라는 사실은 깨닫지만, 막상 청지기로서 이러지도 저러지도 못할 때가 참 많습니다. 그렇다고 둘 중에 내가 편한 것을 선택할 수도 없습니다.

로키산맥 여행 중에 만나는 자연 풍경

그럼에도 불구하고 하나님은 모순 같아 보이는 그 말씀 가운데에서도 늘 최선의 방법을 우리에게 제시하는 분이십니다. 그 방법이란 청지기로서 교회와 성도는 '복음의 정원사'가 되어야 한다는 것입니다.

정원사는 자연 그대로를 보존하는 사람입니다. 그러나 한편으로는 더 많은 사람들이 그 자연을 자연스럽게 볼 수 있도록 개발하고 가꾸는 사람입니다. 즉 정원사는 자연 그대로를 최대한 훼손시키지 않으면서도, 동시에 자연 그대로를 더 잘 드러낼 수 있도록 과감히 손을 보는 사람입니다. 청지기로서 부름 받은 우리는 지혜로운 정원사처럼 하나님께서 우리에게 주신 것들이 훼손되지 않도록 보호하면서, 한편으로는 그것이 세상 속에서 잘 드러나도록 가꿔나가야 할 것입니다.

이제 우리의 삶과 교회를 돌아보기를 원합니다. 우리는 무엇을 보존하고 있고, 무엇을 가꾸고 있습니까? 혹시 하나님께서 우리 자신과 섬기는 교회에게 요구하셨던 것들을 자기 편리한 대로 바꾸고 내 뜻대로 변모시켜가고 있지는 않습니까? 우리의 예배가, 우리의 사역과 삶이 그렇게 변질되어가고 있지는 않은지, 반드시 점검하기를 원합니다.

정원사 손에 더 자연스러워지는 것들

루터대학교 실천신학 교수인 이말테Malte Rhinow 박사는 '한국 개신교회와 500년 전의 천주교회 사이의 공통점들'이란 글을 통해 복음의 정원사인 우리들이 점검할 최소한의 것들을 권면했습니다.

1. 율법주의적 예배 이해 2. 하나님의 은혜와 복을 얻기 위해 재물로 하나님께 영향을 미칠 수 있다고 생각하는 것 3. 선행을 통해 천국에 갈 수 있다고 생각하는 것 4. 교회의 지옥과 죽음에 대한 두려움 악용 5. 교회의 교권주의 6. 성직 매매 7. 목사들의 돈에 대한 지나친 관심과 잘못된 돈 사용 8. 목사들이 교회를 개인적 소유로 착각하는 것 9. 목사들의 도덕적, 성적 타락 10. 목사들의 낮은 신학적 수준 등을 점검해야 할 때임을 강조하였습니다. 그는 한편으로 많은 한국 목사들이 복음의 좋은 정원사로 사역하고 있음을 인정하였지만 말입니다.

정원사는 자신이 힘든 여건을 견디며 흘린 땀과 노력, 그리고 눈물의 결과로 수많은 사람들이 좋아하는 것을 보며 행복과 기쁨을 경험합니다. 마찬가지로 '복음의 정원사'인 교계와 교회 지도자들, 바로 우리를 통해 수많은 성도들이 하나님께 영광과 존귀를 돌리며 동시에 기독교인으로서의 참된 행복과 기쁨을 누릴 수 있도록 특권을 드려야 합니다.

다시 회복되고 비상해야 할 한국 교회와 지도자들

복음의 정원사로서 복음과 교회를 위해 절제와 충성을 다하고, 동시에 땀과 눈물을 흘리는 것은 고된 일입니다. 하지만 그 뒤에 있을 교인들의 행복과 기쁨, 그리고 그보다 더 고귀한 열매인 한국 교회와 지도자들을 향한 긍정적 인식변화를 기대하며 결단을 해야 합니다. 지금은 더 많은 말이 아니라, 실천이 필요한 때입니다. 그리고 그 실천은 누구보다도 내 자신이 먼저해야 합니다.

Chapter 16

부담스러운 은혜를 누립시다

겁도 없이 목사가 스님의 글을 인용해보겠습니다.

"나를 배신하고 떠난 그 사람/ 돈 떼어먹고 도망간 그 사람/ 사람으로서 차마 할 수 없는 짓을 나에게 했던 그 사람/ 나를 위해서/ 그 사람이 아닌 나를 위해서/ 정말로 철저하게 나를 위해서/ 그를 용서하세요."

혜민 저 『멈추면 비로소 보이는 것들』에 나오는 글귀입니다. 우리는 흔히 용서가 나를 위해서가 아닌, 남을 위한 것이라 생각합니다. 용서할 때 내게 득 될 것은 없어 보이니까요. 나만 손해고, 나만 억울하고, 내 자존심만 구기는 일이 용서입니다. 상대가 그 용서를 가볍게 여기면 더 화가 납니다. 용서고 뭐고, 한 대 쥐어박고 싶습니다. 그만큼 용서는 쉽지 않습니다.

그런데 예수님은 자꾸 용서하라고 하십니다. 생색내듯이 이렇게 말씀하십니다. "내가 너 용서해준 것 알지? 그러니까 너도 남들 용서해야 해!" 때론 그 말씀을 피하고 싶어도, 교회에 갈 때마다 예배 중에 고백하는 주기도문에 떡하니 등장해서 피할 수도 없습니다.

잠시 멈추면 보이는 것, 용서

법적으로 용서를 해줄 수 있는 존재는 '재판관' 뿐입니다. 다시 말하면, 용서란 유일한 재판관이신 하나님만 할 수 있는 특별한 권리라는 말입니다. 그 용서를 우리도 할 수 있게 해주신다는 겁니다. 그러니 그런 특별한 권리를 우리가 행사할 수 있도록 하신 것이 어찌 은혜가 아니라, 부담이라고 말하겠습니까?

물론 이렇게 말씀하시는 분도 계시겠죠? "용서가 특권이라면, 에잇! 안 받고 말지!" 그런데 여러분 잘 생각해 보세요. 용서는 천국에 들어가는 첫걸음입니다. 용서 없이는 우리의 구원도, 하나님을 아버지라고 부를 수 있는 연합도 있을 수 없습니다. 우리를 향한 그분의 용서가 이미 있었기에 구원과 천국의 은혜가 우리에게 임한 것입니다.

그럼에도 그 용서의 은혜가 부담스럽다고 내버리시겠습니까? 만약에 그런 마음이라면, 그 좋은 은혜를 아직 제대로 깨닫지 못한 것이겠죠. 만일 자신이 용서 받은 은혜의 크기가 얼마나 되는지 안다면 나도 그 누구를, 그 무엇을 용서하는 것이 아무리 힘들더라도 결국에는 용서해야 하지 않을까요?

물론 저도 잘 압니다. 용서가 얼마나 힘든 것인지 몰라서 이렇게 말씀 드리는 게 아닙니다. 용서가 얼마나 부담스러운 은혜인지를 저도 누구보다 잘 압니다. 그러나 이렇게 한번 생각해보면 어떨까요? '내가 그를 용서를 한다'가 아니라 '내가 어떻게 그를 용서할 수 있는 존재가 될 수 있었을까?'에 생각의 초점을 맞춰보세요. 그리하면 용서는 자존심 구기는 일이 아니라, 하나님의 자녀로서 행사할 수 있는 특권임을 새삼 깨닫게 될 것입니다.

자신을 향한 예수님의 용서 깊이를 돌아봅시다.

제가 한 가지를 감히 예견하겠습니다. 이제라도 누군가를 용서하면, 내가 받은 구원의 큰 은혜를 깨닫게 됩니다. 용서하면, 하나님의 마음을 좀더 알게 됩니다. 용서하면, 예수님의 삶이 더욱 이해가 됩니다. 용서할 때, 내가 달라집니다. 용서할 때, 남이 달라집니다. 용서할 때, 교회와 총회가 달라지며 결국 세상이 달라집니다. 용서에는 하나님의 능력이 살아 숨쉬기 때문입니다.

그러나 지금은 불행하게도 한국 사회도 아닌, 오히려 그리스도의 보혈로 용서받았다고 고백하는 한국 교계와 지교회들이 피차 용서하지 않고 끝까지 내가 혹은 우리가 이겨야 한다며 서로 피 튀기는 싸움을 벌이고 있습니다. 그것을 곁에서 지켜본 수많은 성도들이 실망과 분노에 휩싸여 소위 '가나안 교인'이 되고 말았습니다. 또한 그 틈을 악용해 이단·사이비 무리들도 기승을 부리고 있습니다.

그러므로 2017년 한국 교회의 절실한 종교개혁 과제는 용서입니다. 이제라도 피차 용서의 증표가 있는 종교개혁 500주년이 되었으면 합니다. 그 결과 용서는 결국 나 자신을 위한 것이었음을 고백하는 은혜가 있기를 소망합니다. 어쩌면 부담스러울 수도 있는 이 용서하는 은혜, 함께 누리시지 않겠습니까? 이제는 함께, 그리고 한 방향으로 걸어보시지 않겠습니까?

지금 한국 교회는 서로 용서하며 함께 가야 할 때

Chapter 17

우리에게는 열쇠가 있습니다

지금이야, 비밀번호를 누르거나 자동 인식으로 문을 열지만, 과거에는 모두 열쇠를 가지고 문을 열었습니다. 집 열쇠, 자동차 열쇠, 회사 열쇠… 이러한 열쇠 꾸러미들을 허리에 차고 다니는 분들도 쉽게 볼 수 있었죠. 그러다보니, 열쇠가 없어서 당황했던 일들이 참 많이 기억납니다.

놀랍게도(?) 열쇠의 기능은 두 가지입니다. 하나는 여는 것이고, 하나는 잠그는 것입니다. 열고 잠그는 것, 이것이 참 중요합니다. 우리가 문을 여는 이유는, 무언가를 받아들이기 위해서 입니다. 반대로 우리가 문을 닫는 이유는, 무언가가 빠져 나가지 않도록 하기 위해서입니다.

하나님께서는 우리에게 천국문을 여는 열쇠를 주셨습니다. 그 열쇠는 예수 그리스도이십니다. 그리고 예수 그리스도의 몸이신 교회입니다. 따라서 교회에도 두 가지 기능이 있습니다. 여는 기능과 닫는 기능입니다. 그렇다면 무엇을 열고 닫는 것일까요?

먼저, 교회는 '하나님의 은혜를 여는 열쇠' 입니다. 성도는 교회를 통해 하나님의 은혜를 누립니다. 나아가, 교회를 통해 하나님의 은혜를 누릴 수 있어야 합니다. 최근 탈교회 현상이 일어나고 있습니다. 물론 교회 밖에도 하나님의 은혜는 풍성합니다. 우리 각 사람이 또 하나의 교회이기 때문이죠.

우리에게는 열쇠가 있습니다.

이런 비유가 적절할지는 모르겠습니다. 교회는 성도들에게 은혜를 배급하는 곳입니다. 성도들은 그 은혜를 배급 받아 세상 속에서 나누는 것이고요. 우리 각자가 가진 은혜로 나누데에는 한계가 있습니다. 그래서 우리는 교회를 필요로 합니다. 교회를 통해 은혜를 받아야 합니다. 교회를 통해 은혜를 받지 못하는 신앙은 금방 고갈될 수밖에 없습니다. 분명, 교회는 하나님의 은혜를 여는 열쇠입니다.

또한, 교회는 '우리의 악함과 약함을 닫는 열쇠'입니다. 교회를 통해 무언가를 한다는 것은 때때로 답답하고 느린 길입니다. 각자가 가진 달란트와 탁월한 방법으로 교회 일을 처리한다면, 더 효율적이고 효과적일 것입니다. 그러나 우리는 모든 것을 교회를 통해 합니다. 예배도, 헌금도, 나눔과 섬김도, 모두 교회를 통해 합니다.

교회는 효율과 효과를 중시하는 공동체가 아니기 때문입니다. 교회는 하나님께만 영광을 돌리기 위한 통로로써 존재하기 때문입니다. 하나님께 영광을 돌린다는 것은 한마디로 우리가 하는 것처럼 여겨져서는 안 된다는 것입니다.

우리는 기본적으로 악하고 약합니다. 그게 성도의 가장 기본적인 정체성입니다. 그래서 우리가 하는 것처럼 여겨지는 즉시, 교만해지기 쉽습니다. 내가 예배하니까, 내가 봉사하니까, 내가 헌금하니까… 마치 내가 한 것처럼 여기기 쉽습니다. 그래서 내가 아닌 하나님께서 행하시는 것임을 되뇌이기 위해서 우리는 교회를 통해 하나님의 일을 감당하는 것입니다.

그러나, 하나님께서 허락하신 교회 공동체 안에서의 은혜는
또 다른 중요한 의미를 가지고 있습니다.

교회를 통한 예배, 교회를 통한 헌금, 교회를 통한 봉사로 오직 나는 철저히 낮추고 하나님께만 영광을 돌립니다.

교회는 우리가 누리기만 위해 존재하는 곳이 아닙니다. 더 좋은 시설과 서비스를 받기만을 위한 곳이 아닙니다. 교회는 열쇠입니다. 세상 속에서 하나님의 은혜를 나누기 위해 그 은혜를 풍성히 받는 곳입니다. 그리고 나의 길이 아닌, 하나님께서 원하시는 길을 제시하고 인도해주는 곳입니다.

우리에게는 열쇠가 있습니다. 하나님께서 주신 교회라는 열쇠, 이 열쇠를 우리는 어떻게 사용하고 있습니까? 소망하기는, 이 열쇠를 통해 하나님의 은혜를 풍성히 받고, 오직 하나님께만 영광을 돌리는 한국 교회와 성도들이 되기를 원합니다.

그래서 겸손한 성도는 교회를 통해 하나님께 순종합니다.

Chapter 18

우리는 공생관계입니다

신앙생활하는 성도들에게는 세 분의 아버지가 있다고 합니다. 첫째, 하늘에 계신 아버지 하나님이십니다. 그분은 그 누구, 그 무엇과 감히 견줄 수 없는 절대적인 분이십니다. 둘째, 우리를 낳아주신 육신의 아버지이십니다. 셋째, 자신의 신앙생활의 아버지라 할 수 있는 담임목사님입니다. 물론 담임목사도 그 교회의 교인들 중 한 명일 뿐이라고 주장하는 사람들도 있지만 말입니다.

성도들은 어떤 담임목사를 만나느냐에 따라 교회생활과 신앙인격 형성에 적지 않은 영향을 받게 됩니다. 어떤 성도는 자신이 다니는 교회 목사님의 목소리, 또는 행동까지 거의 닮아가기도 합니다. 반대로 담임목사에게도 좋은 당회원 및 성도들을 만나는 것은 목회에 있어서 복 중의 복이요, 은혜 중의 은혜입니다.

세상에 의도적으로나 고의적으로 목사에게 나쁜 짓을 하는 성도가 어디 있겠습니까? 손뼉을 마주쳐야 소리가 나는 것이 당연한 것처럼, 누군가 나쁜 성도가 된 데는 아마도 그렇게 될 수밖에 없었던 원인이 작용했을 것입니다. 그러니 담임목사를 존경하며, 할 수 있는 한 아름다운 동행을 하려는 당회원들과 성도를 만나는 일은 행운을 넘어 행복이 분명합니다.

그렇습니다. '좋은 교회'에서 '위대한 교회'로 성장하는 비결은 담임목사와 성도들이 하나되는 것입니다. 일보다 관계를 소중히 여기는 것입니다. 좀 늦더라도 같이 가는 것입니다. 공생관계를 잊지 않는 것입니다. 그 결과 우리끼리만 좋아하는 일을 하는 게 아니라, 오직 하나님의 뜻과 명령을 준행해 나가는 관계를 이루는 것입니다.

좋은 만남은 행복입니다.

그런데 만일 어느 담임목사가 당회원과 성도들에게 "내가 하나님의 종인데 어디서 감히… 내 말대로 하지 않으려면 다른 교회로 가. 가도 돼!"라고 야단친다면 그것은 강요이며, 언어폭력이고, 영적인 폭행입니다. 반대로 당회원으로서 혹은 성도로서 담임목사를 쥐 잡듯 괴롭히며, 자신의 요구를 무조건 들어주도록 강요하고, 예배 진행과 강도권까지 좌지우지하려고 한다면 그것은 월권이요, 현대판 사울왕이며, 독선이 될 것입니다.

지금 한국 사회는 부모와 자식 간의 관계가 급격히 무너지고 있습니다. 이제는 '부모와 자녀를 사랑하는 것처럼, 또한 자녀가 부모를 공경하는 것처럼 서로 사랑하라' 는 메시지를 자신 있게 설교할 수 없는 시대가 되고 있습니다. 부모가 자기 자녀를 너무 쉽게 버리고, 또한 자녀가 대수롭지 않은 일로 자기 부모를 죽이기도 하는 일이 빈번합니다.

불행하게도 이런 시대적 추세가 이미 교회 안에까지 깊숙이 들어와 있음을 부인할 수 없습니다. 교회생활에 아비와 같은 담임목사 그리고 자녀와 같은 성도들 사이가 급속히 무너지고 있습니다. 남은 것이라고는 서로 극렬하게 대치하여 시시비비를 가리는 흉한 모습입니다. 자기의 주도권과 승리를 놓치지 않기 위해 교회법과 사회법으로 서로를 고소 고발하는 일이 너무나 쉽게 자행되고 있습니다.

서로 싸워대는 한국 교회에 죽음의 그림자가 드리워졌습니다.

삼위일체 하나님을 섬긴다면서 정작 본인들은 삼위각체의 모습을 끊임없이 보여주자, 교회 바깥의 사람들은 크게 실망하며 별의 별 말들을 다 쏟아놓습니다. 이런 상황인데도 불구하고 지금도 여전히 적지 않은 교회들에서 피 튀기는 싸움이 벌어지고 있습니다. 심지어 '올해는 종교개혁 500주년'이라고 자랑스럽게 외치면서 말입니다. 그런 싸움은 과연 개혁일까요?

솔직히 온전한 담임목사, 당회원, 성도란 어느 지상교회에서든 결코 존재할 수 없습니다. 우리들이 어느 교회, 노회, 총회에서 서로 동역하는 이유는 '온전해서가 아니라, 부족해서 함께하는 것'입니다. 더 이상 교회 다니지 않는 사람들 때문이 아니라, '너 죽고 나 살자!'라며 열심히 교회에 나오는 사람들로 인해 한국 교회가 죽어가서는 안 됩니다.

우리는 두 손을 꼭 잡고 예수님의 길을 함께 걸어가는 공생관계입니다. 동시에 영적인 가족입니다. 가족 중에서도 동행 및 동맹을 넘어 예수님의 보혈로 하나된 혈맹관계의 가족입니다. 이것을 침 한 번 삼키는 순간에도, 눈 한 번 깜박이는 순간에도 잊지 말아야 합니다. 그 사실을 인정하는 언행을 우리가 새롭게 보인다면 하나님께서는 더 크게 영광을 받으실 것이며, 모든 국민들 앞에서 새로운 희망을 제시하는 한국 교회가 될 것입니다.

부족하기 때문에 '함께' 있고, '함께' 가야 합니다.

Chapter 19

세상과 이웃을 향해
연합의 길을 걸어갑시다

부끄럽지만, 부족한 종이 우리 교회 성도들과 함께 감당하고 있는 나눔 사역 현장을 소개하고자 합니다. 저는 현재 인천제2교회를 담임하고 있습니다. 벌써 설립 70주년을 향하여 나아가는 전통 교회입니다. '전통 교회'라는 말 속에는 다소 부정적인 이미지가 있는 줄 압니다. 고리타분하고 재미없는, 현대와 어울리지 않는 이미지일 수 있습니다. 그러나 인천제2교회는 먼저 하나님의 은혜로, 또한 성도들의 사랑과 섬김으로 '지킬 것은 지키고 바꿀 것은 바꾸어 나가는' 아름다운 교회로 성장하고 있습니다. 아내 자랑, 자식 자랑하면 팔불출이라고 하나요? 오늘 저는 교회 자랑하는 팔불출 목사가 되겠습니다. 각자 교회에는 하나님께서 맡겨주신 특별한 소명이 있습니다. 우리 교회에도 특별한 소명이 있는데, 그것은 바로 '이웃과 함께하는 교회'입니다. 우리 교회는 세계선교에도 힘쓰지만, 예수님께서 이 땅에 오셔서 가난하고 소외되고 병든 자를 돌보셨던 것 같이 우리 주변의 이웃들과 함께하는 일을 기쁨으로 감당하고 있습니다.

지금 한국 교회는 어려운 이웃과 함께 가야 할 시기입니다.

그 흔적과 열매는 우리 교회 곳곳에 숨겨져 있어 마치 교회 전체가 '섬김과 나눔 센터'를 방불케 합니다. 어려운 이웃을 위한 목욕탕, 주중 이용 급식소, 헬스장, 미용실, 치과, 내과, 지역 어린이도서관, 장애인을 위한 특수교육센터, 한글학교, 의복 나눔 봉사, 안마·침술 봉사, 인력시장 섬김, 자장면 봉사대, 결식학생 식사 제공, 무의탁 노인 반찬택배, 연탄보일러 교체사역, 무료 사진관, 세탁 봉사 사역, 인근 학교 장학금 지급, 동네 경조사 찬조, 주중 주차장 개방, 중국인과 탈북민 사역 및 예배, 법률 상담 등이 있습니다. 교회가 성도들만을 위한 장소가 아니라, 이웃들과 함께 호흡하는 장소가 되도록 하는 것은 하나님께서 교회에게 맡겨 주신 사명입니다. 물론 이런 일들이 가능했던 데는 당회 그리고 성도들의 이해와 순종, 양보와 섬김이 존재했다는 것도 또 하나의 간증입니다. 또한 교회당이라는 장소를 제공할 뿐 아니라, 수많은 나눔 사역을 단지 구호와 기도만이 아니라 실천하는 행동으로 동역하는 성도들이 숨은 공로자입니다. 이처럼 어려운 이웃들과 함께 가는 교회로 거듭나게 되자 전혀 예상할 수 없었던 하나님의 은혜와 축복의 열매들이 우리 교회의 질적, 양적, 구조적인 성장으로 이어지고 있습니다. 원도심이요, 비아파트지역이요, 공구상가 한 가운데 위치한 불리한 여건 속에서도 말입니다. 물론 오직 하나님께 영광과 감사와 찬양을 드릴 뿐입니다.

어울리지 않을 것 같은 것들이 연합할 때 아름다움을 보게 됩니다.

이러한 섬김과 나눔 사역들을 감당하면서, 늘 떠올리는 단어가 있습니다. 그것은 바로, '연합'입니다. 예수님께서 이 땅에 오신 이유, 예수님께서 이 땅을 하나님 나라로 만들어 가시는 방법, 우리가 세상 속에서 이루어 나가야 할 소명, 이 모든 것이 '연합'이란 단어로 모아지는 것이 아닌가 생각을 해 봅니다. 하나님은 독불장군이 아니십니다. 물론 그렇게 하셔도 되시는 분인데, 굳이 낮은 모습으로 이 땅에 내려오셔서 우리와 연합하셨습니다. 그렇다면 우리도 우리에게 오셔서 우리와 연합해주신 하나님처럼, 세상을 향해 그리고 이웃을 향해 연합의 길을 걸어가야 하지 않겠습니까? 교회는 불교의 절처럼 산속으로 들어가는 것이 아니라 우리가 속한 사회 속에서 이웃과 함께 아름다운 동행을 해야 할 의무와 특권이 있기 때문입니다. 아름다운 자연을 사진에 담다 보면 느끼는 것이 있는데, 그것은 "서로 다름이 연합할 때 아름다운 작품이 된다"는 것입니다. 물론 자연이 아무리 아름답다 할지라도, 어둠이 밀려오면 그 아름다움이 감추어질 수밖에 없습니다. 그러나 수많은 건물들과 자동차, 그리고 자연과 도무지 어울리지 않을 것 같았던 여러 존재들이 나란히 있을 때, 기가 막힌 야경이 우리 앞에 펼쳐지게 됩니다. 하나님께서 우리에게 허락하신 것들 중에 이유와 목적이 없는 게 있지 않습니다. 그렇다면 우리는 이 땅에 살아가는 동안 할 수 있는 한 모든 것들로, 모든 사람들과 연합하여 살아가야 합니다. '우리 기독교는… 우리 교회는… 우리 부서는…' 하는 자부심도 필요하겠지만, '하나님께서 이처럼 사랑하신' 세상과 지역사회를 향해 점진적으로 연합해 나가는 행동이 필요한 때입니다.

진리는 연합을 거부하지 않습니다. 연합이 진리입니다.

한국 교회가 종교개혁 500주년을 기념하는 해를 보내면서 진리를 지킨다는 명목하에 연합을 포기해온 것은 아닌지 뒤돌아보며 반성합니다. 진리는 연합을 거부하지 않습니다. 지금은 우리의 마음을 세상을 향해 더 열어야 할 때입니다. 교회는 게토ghetto도 아니고, 수도원도 아닙니다. 세상을 품는 하나님 나라입니다. 모든 사람을 안을 수 있는 하나님의 품입니다. 한국 교회가 연합의 공동체로 다시 한 번 일어설 수 있기를 원합니다. 그 결과 세상이 지금보다는 조금은 더 거리낌 없이 우리에게 다가올 수 있는, 그런 거룩한 하나님의 공동체가 되기를 진심으로 소망합니다.

Chapter 20

돌아가지 말고, 나아갑시다

기독신문사의 배려로 지난 20주 동안, 종교개혁 500주년 사진 에세이를 통해 여러분들과 귀한 교제를 나눌 수 있었습니다. 개인적으로는 큰 영광이요, 감사하며 행복한 시간이었습니다. 지면을 빌어 함께 해주신 모든 분들께 진심으로 감사의 말씀을 드립니다. 종교개혁은 우리에게 참 중요한 사건입니다. 또한 지금의 기독교와 장로교를 있게 한 특별한 하나님의 은혜이자 섭리입니다. 그러기에 우리는 늘 종교개혁의 정신을 잊지 않으려고 발버둥치고 있습니다.

동시에 저는 한국 교회가 돌이킬 수 없는 위기를 맞이했다고는 생각하지 않습니다. 그렇다고 '하나님께서 세우신 교회이니 좌우간 잘 되겠지' 하는 막연한 희망을 가지고 말씀 드리는 것 또한 아닙니다. 때때로 우리들의 시각에도 부족하고 부끄러운 모습을 보이는 일부 교회들과 지도자들도 적지 않지만, 제가 만난 대다수 교회와 목회자들은 최선을 다하여 하나님의 말씀과 사랑을 전하며 그것을 몸소 실천하고 있기 때문에 말씀 드리는 것입니다.

물론 우리들은 하나님과 사람의 저울에 달아볼 때 부족할 수 있고 함량이 떨어질 수도 있습니다. 때로는 크고 작은 실수를 저지를 때도 있습니다. 그러나 그것으로 한국 교회와 목회자 전체를 무조건 평가절하해서는 안 된다고 생각합니다. 그 이유는 우리는 원래 약하고, 악한 존재이기 때문입니다. 원래 실수를 많이 하는 존재이기 때문입니다.

이 작품을 무조건 평가절하하면 잘못이듯이,
한국 교회도 무조건 비난해서는 안 된다.

마르바 던이라는 신학자는 이렇게 말합니다. "그리스도인 삶의 가장 중요한 역설은 바로 우리의 능동적인 약함 속에서 하나님의 능력이 우리를 통해 나타난다는 것이다. 따라서 우리에게 요구되는 것은 성공이 아니라, 신실함이다." 이 주장에 대해 여러분은 어떻게 생각하시는지요? 물론 실수와 약함과 잘못이 이미 드러난 분들은 교회 안팎 사람들의 상식적 기준으로 볼 때 '이제는 용서할 수 있겠다' 싶을 정도의 열매 있는 회개와 자숙의 긴 시간을 가져야 합니다.

그러나 아직 드러나지 않은 죄인인 우리들은 목회자 혹은 당회원으로서 아직 성공을 논할 존재가 절대 아닙니다. 성공은 오직 예수님만 하실 것입니다. 우리는 다만 하나님 앞에 신실함, 즉 믿을 만한 존재로 살아가고자 진력할 때 사단과 불의에게서 승리할 수 있는 것입니다. 그러나 그런 신실함도 하나님 앞에서 자신이 지극히 약한 존재임을 철저히 인정할 때 가능합니다. 빛이 물에 그대로 반사되듯이 오직 성령님의 인도와 통제에 그대로 따르며 복종할 때 이것이 가능한 일임을 우리는 침 삼키는 순간에도 잊지 말아야 할 것입니다.

종교개혁 500주년을 기념하여 많은 사람들이 이렇게 외칩니다. "옛 종교개혁의 정신으로 돌아가자!" 모두들 100% 동의합니다. 그리고 그분들의 순수한 마음을 저역시 이해합니다. 그러나 저는 이렇게 외치고 싶습니다. "새로운 개혁으로 나아갑시다!" 과거 역사 속의 종교개혁이 아니라, 선배들이 경험한 종교개혁이 아니라, 이 시대에 필요한 하나님의 개혁을 우리 모두의 신실한 삶의 현장 속에서 경험해야 하지 않겠습니까?

빛이 물에 그대로 반사되듯이, 우리는 성령님의 인도와 통제를
그대로 따르며 복종해야 합니다.

모든 한국 교회, 그리고 지도자들과 성도들이여! 돌아가지 말고, 나아갑시다! 제가 좋아하는 아프리카 속담이 있습니다. '혼자 가면 빨리 가지만, 함께 가면 멀리 간다.' 우리의 목표는 빠르고 멋진 성과를 내는 것이 아닙니다. 그저 '하나됨'으로 하나님 나라를 바라보며 뚜벅이처럼 천천히 걸어가는 것입니다. 그러면 결과는 하나님께서 내실 것입니다.

신실함은 '일보단 관계, 늦더라도 함께, 부흥보다는 일치'를 우리 서로의 마음속에 깊이 새길 때 나타나는 열매입니다. 동시에 오직 예수, 더욱 예수, 절대 예수, 결국 예수님의 성령께서 우리를 통해 행하실 것을 믿고 나아갑시다. 힘들더라도 말씀 붙잡으며, 초심과 열심과 뒷심이 여일한 신앙생활을 해나갑시다.

그러면 한국 교회가 돌이킬 수 없는 위기를 맞이한 것이 아니라, 위기라고 생각했던 것이 실은 새로운 기회였음을 하나님께서는 우리에게 보여 주실 것입니다. 돌아가지 않고 나아가는 새로운 종교개혁이 각 교회와 지도자, 성도들의 삶 속에 샘물같이 솟아나가기를 진심으로 소망합니다. 할렐루야!

배도 요트도 갈매기도 돌아가지 않고 나아가듯이,
한국 교회가 그러하기를 소망합니다.

기 독 신 문 특 별 기 획 사 진 에 세 이

두려움이 변하여

최근 〈알쓸신잡〉(알아두면 쓸데없는 신비한 잡학사전)이란 방송프로그램이 인기를 얻고 있습니다. 각 분야에서 탁월한 능력을 인정받는 4명의 출연진이 나와 자유롭게 이런 저런 이야기를 나누는 프로그램입니다. 가만히 보고 있으면 프로그램 제목과 같이 '이런 것까지 알아야 하나' 하는 생각이 들 정도의 별의 별 잡다한 지식이 대방출됩니다. 그런데 사실 그 지식들은, '알아두면 정말 유용한' 지식입니다.

똑같은 인생을 살면서, 저 사람들은 어떻게 저렇게 많은 지식을 쌓으며 살아갈까하는 의문이 듭니다. '그들이 우리보다 똑똑해서?' 혹은 '뭔가 특별한 기회를 얻어서?' 라는 생각이 들 수 있겠지요. 그러나 곰곰이 생각해 보면, 그 이유는 그들이 '살아가는 방식'에 있는 것 같습니다. 똑같은 현실 속에서, 똑같지 않게 살아가는 방식이 그들을 탁월하게 만들었다는 것입니다.

대한민국 내에서 예수님을 믿는 사람들과 믿지 않는 사람들이 살아가는 삶의 현장은 다르지 않습니다. 예수 믿었다고 해서 다른 삶이 주어지는 것이 아닙니다. 똑같은 하루를 살아가고, 똑같은 삶의 현장에서 똑같은 현실을 마주하며 살아갑니다.

그렇다면 무엇이 다를까요? 그것은 바로 '살아가는 방식'입니다. 삶의 현장이 다른 것이 아니라, 삶의 현장을 살아내는 방식이 다르다는 것입니다.

신자, 불신자를 막론하고 대한민국에서 살아가는 삶의 현장은
다르지 않습니다.

신자나 불신자나 똑같은 어려움을 겪습니다. 직장에서의 어려움, 관계의 어려움, 건강의 어려움, 재정의 어려움에는 예외가 없습니다. 또한 모두 똑같이 두려움을 느낍니다. 아무리 믿음이 좋아도 무서운 것을 보면 겁이 나고, 위험이 다가오면 두렵습니다. 주일을 지키고 기도한다고 더 빨리 승진하는 것도, 돈을 더 많이 버는 것도 아닙니다. 거의 똑같습니다.

그러나 다른 게 있습니다. 그 어려움과 두려움을 대하는 방식이 다릅니다. 대부분의 사람들은 어떻습니까? 어려움이 다가오면 좌절합니다, 낙심합니다. 두려움이 다가오면 낙담합니다, 도망칩니다. 그러나 예수님을 믿는 우리는 어떻습니까? 잠시잠깐 세상 사람과 똑같은 반응을 보일 수는 있습니다. 그러나 우리는 금세 이렇게 찬양합니다.

"두려움이 변하여 내 기도 되었고, 전날의 한숨 변하여 내 노래되었네." 그렇습니다. 우리는 어려움이 다가오면 기도합니다. 또한 두려움이 다가오면 더 주님을 붙잡습니다. 그 이유는 예수님의 임마누엘 되심과 여호와 이레의 언약이 있기에 현재의 두려움이 결코 빠져 나올 수 없는 동굴이 아닌 것을 알기 때문입니다. 결국 빠져 나오게 될 터널임을 믿고 소망하기 때문입니다. 즉 인생 항해 중 언약의 무지개는 오직 예수님 한 분뿐임을 절대 인정하기 때문입니다. 이것이 예수님을 믿는 우리에게 유일한 삶의 방식인 줄 믿습니다.

성도의 인생 항해 중, 임마누엘 언약의 무지개는 오직 예수님뿐입니다.

이 세상, 참 살아가기 쉽지 않습니다. 어린아이부터 노년에 이르기까지 다들 살기 어렵다고 말합니다. 그래서 다들 위기라고 합니다. 그러나 다르게 살아가는 우리에게는 어찌 보면 절호의 찬스인지도 모릅니다. 똑같이 어려운 삶을 살아가면서 세상 사람들과는 다른 고백을 보여줄 수 있기 때문입니다. 즉 예수 믿는 자들이 어떻게 살아가는지, 그래서 어떤 고백을 하며 살아가는지를 보여줄 수 있기 때문입니다.

여러분들은 어떠한 고백을 하며 살아가고 있습니까. 혹시 세상과 동일한 한숨과 푸념 속에 살아가고 있지는 않습니까? 다시 주님을 찬양합시다. 우리에게 어떠한 어려움과 두려움이 다가와도, 그것이 변하여 기쁨이 되고 위로가 되고 소망이 되는 것을 보여줍시다. 그것이야말로 이 시대의 전도요, 하나님 나라를 사는 방식인 줄 믿습니다. 그런 삶의 고백과 언행의 초심과 열심, 그리고 뒷심이 여일한 은총을 누리시기를 소망합니다.

500년 전, 종교개혁자들이 개혁을 논하며 그 신념을 행동으로 옮기는 것은 지금 우리가 당하고 있는 한숨이나 두려움과는 비교하는 것 자체가 불경일 정도입니다. 그야말로 목숨을 건 삶이었습니다. 그러나 그들이 혹 죽임을 당할지 모르고, 피신해야 하며, 오늘 밤 잠들면 내일 아침 일어날 수 있을지에 대한 확신이 없는 현실 속에서도 그렇게 담대했던 이유는 무엇입니까? 그 까닭은 그들이 소위 '예수매니아' 요, '말씀매니아' 였기 때문입니다.

궂은 날씨지만 낮은 구름이 있으면 더 좋은 사진을 볼 수 있습니다.

마찬가지로 우리들도 오직 예수, 더욱 예수, 결국 예수, 절대 예수님과 그분의 말씀에 대한 전폭적인 신뢰야말로 지금 우리가 당하고 있는 힘든 현실을 이기고 그분께 최종 영광을 돌리는 유일한 삶의 방식임을 인정해야 합니다. 이는 궂은 날씨라도 낮은 구름이 있으면 더 좋은 사진이 나오는 원리와 같다 할 수 있습니다. 그렇게 살아가는 것이 우리 각자 삶의 현장에서의 종교개혁이요, 동시에 우리가 함께 이런 찬양을 부르며 종교개혁자들의 뒤를 능력 있게 따라가는 삶의 방식일 것입니다.

"주님을 찬송하면서 할렐루야 할렐루야, 내 앞길 멀고 험해도 나 주님만 따라가리. 아멘!"